D1559173

CON- TRA TODO ESTO

MANUEL RIVAS

UN MANIFIESTO REBELDE

CON-TRA TODO ESTO

ALFAGUARA

Papel certificado por el Forest Stewardship Council®

Primera edición: abril de 2018
Primera reimpresión: abril de 2018

© 2018, Manuel Rivas
© 2018, Penguin Random House Grupo Editorial, S. A. U.
Travessera de Gràcia, 47-49. 08021 Barcelona

Printed in Spain – Impreso en España

ISBN: 978-84-204-3185-7
Depósito legal: B-2956-2018

Compuesto en MT Color & Diseño, S. L.
Impreso en Unigraf, Móstoles (Madrid)

AL31857

Penguin
Random House
Grupo Editorial

Índice

UN MANIFIESTO REBELDE

Cada vez que nace algo nuevo
salen detrás todas las jaulas.
FRANZ KAFKA

¿No notas que se ha movido el silencio?
LUIS PIMENTEL

Hoy es preciso un alto en la derrota.
JAVIER EGEA

—Hola —dijo el controlador—,
sáquese las alas y siéntese.
PHILIP K. DICK

En el cielo, pavimentado de indiferencia, las jaulas andan detrás de las palabras que aún quieren decir. Extraña esta palabra furtiva que se posa en mi hombro, y que se deja escribir sin miedo: vergüenza.

Ya no puedes dejar de mirar lo que no está «bien visto».

Lo que no se deja ver, lo que no se puede ver, lo que sería mejor no ver.

La vergüenza te ayuda a ver.

No es un desenlace, es el principio.

El primer paso para detectar una injusticia es que comparezca el sentido de la vergüenza. Es lo que va a hacerla visible como injusticia. Hay un sensor muy especial que transforma ese golpe óptico de la vergüenza en partícula de conciencia. Ese desequilibrio eficaz que Victor Hugo vislumbró como «la posibilidad de una lágrima en los ojos de la ley», en una de esas épocas miserables, distópicas, en que la tarea de la verdadera justicia no es cumplir la ley, sino liberarla de ella misma. Fue la vergüenza, en estos últimos años en España, la que desactivó la suspensión de las conciencias ante injusticias miserables como la de los desahucios de personas ancianas y familias pobres, las mismas que enferman o mueren por un mal fuego, el «incendio de frío» de la pobreza energética.

¿Por qué ahora? ¿Por qué escribir esto contra Todo Esto? ¿No estarías mejor en tu torre de marfil? Lo que escribió en una carta Gustave Flaubert a Iván Turguéniev en 1872: «Siempre he procurado vivir en mi torre de marfil, pero una marea de mierda bate sus muros hasta el punto de derrumbarla. No se trata de política, sino del estado mental de Francia». ¿Cuál es la causa de semejante malestar? En la carta, Flaubert cita un síntoma del malestar: el desdén cultural, y en concreto por la literatura, en el nuevo programa de instrucción pública.

Qué contemporáneo suena. El desdén por la enseñanza y las llamadas «humanidades». Por la enseñanza que consiste en enseñar a pensar. Pero Todo Esto va más allá. El estado mental es un Estado de Vergüenza. Una avalancha de mierda que sacude el mundo. Pero en las torres de marfil, como en los camarotes de lujo de los

Titanic del presente, están acomodadas las conciencias en suspensión. Los pasajeros de una modernidad regresiva. El triunfo del pensamiento grosero, descivilizador, de entusiasmo halconero. El avance de un progreso retrógrado, en el que las grandes cifras en vuelo ocultan a las personas y oscurecen el cielo. Un nuevo autoritarismo ebrio de popularidad y gloria estadística y virtual. Un régimen de la distopía.

Nacimos en un país destartalado, donde no había mejor lugar para vivir que el futuro. Mis mayores habían conocido la guerra y el hambre de posguerra. La vida en nuestra infancia era todavía muy precaria. La emigración, el trabajo a destajo, y una atmósfera política y cultural humillante, donde la boca era para callar y los ojos para no mirar, y donde el refugio era la música, la lengua secreta y la risa popular. Los barcos y los trenes solo eran puntuales para marchar. Hacia América o Europa. Cuando mirabas la Línea del Horizonte, a veces pensabas que estaba más cerca América que Europa. Pero el futuro, estuviese donde estuviese, estaba con nosotros. Era algo que nos pertenecía, un tiempo que podíamos producir. La propiedad más valiosa.

Podría decir ahora que esa producción de tiempo tenía el sentido de la utopía. Me encontré con esa palabra en el instituto, estudiando bachillerato, pero es verdad que resultaba próxima, casi táctil. Cada descubrimiento, cada libro que abrías y te abría, cada amistad creativa, cada abrazo en la orilla, la primera revista poética en ciclostil, la mirada de Anna Magnani en el teleclub, el concierto de Zeca Afonso antes del 25 de Abril, aquel recital de Uxío Novoneyra en un hospital («Todo lo que le ha pasado al ser humano me ha pasado a mí»), todo parecía pertenecer, o así lo recuerdo, a una producción utópica. También la memoria laboriosamente rescatada, como el tiempo en el reloj de Kropotkin, el príncipe anarquista de *La conquista del pan*, ese reloj que le regalaron las cigarreras coruñesas en huelga y que llevaba como única posesión el día de su muerte. El mapa borrado de la ciudad, de las escuelas racionalistas y laicas, de los ateneos libertarios y las bibliotecas populares, con los tomos de la geografía ecológica de Eliseo Reclus («El ser humano es la naturaleza tomando conciencia de sí misma») en el centro justo del asombro, y luego enterrados para no ser quemados. Y Eliseo Reclus, que lo inspiró, nos llevó a Ebenezer Howard y su *Tomorrow (Mañana: un paso pacífico hacia una reforma real)*, la propuesta de ciudad-jardín, una utopía táctil, sí, que casi podías tocar: la ciudad ideal de los círculos concéntricos con su escuela, su biblioteca y el espacio de la asamblea, en el centro. También ese pasado formaba parte del futuro. De la misma manera que las huelgas por los derechos laborales en los combativos astilleros de Ferrol o las luchas estudiantiles en la Universidad de Santiago, en el frío del invierno del 68, antes de estallar la primavera en Francia. Había también caminos dispares, miserias, sectarismos, pero eran parte de ese afán de utopía. Los «errores equivocados». Se debatía mucho, el día y la noche, pero nadie hubiera desahuciado la esperanza.

En aquel tiempo no se hablaba nunca de distopía. Cómo se iba a hablar, si en España estábamos librándonos de ella, de una distopía de décadas, pesada como una losa sepulcral con epitafio nostálgico de un imperio fracasado. La democracia, el Estado de bienestar, «entrar» en Europa, eso, entonces, era pensamiento utópico. En mi vecindario, y doy un salto atrás, había un anciano cascarrabias que vigilaba día y noche su higuera, de los mirlos y los niños, y que, el primer día de verano, al terminar la escuela, cuando íbamos cantando y estrenando alegría hacia la playa, *«Gira, il mondo gira, nello spazio senza fine»*, era él quien giraba el bastón y gruñía apocalíptico: «¡Ya vendrá el invierno, ya!». Teníamos la utopía a unos pocos metros. Los cuerpos deseando desnudarse bajo el sol. El mar esperándonos con su fuelle de acordeón. Por un momento, atónitos, dejábamos de cantar. Y el mundo paraba de girar. Cada vez que oigo hablar de distopía, o de la inutilidad utópica, siempre me viene a la cabeza el viejo resentido y su profecía enojada.

Y ahora la distopía está en la atmósfera. Es el ruido de las jaulas, como un zumbido de drones, que corren a atrapar las palabras salvajes, inconformistas, del pensamiento indócil.

Había vivido de adolescente los estertores de una dictadura totalitaria, que la historiografía denomina *franquista,* personalizándola en el tirano como si fuese solo cosa de un gerifalte endiosado y enfermo de poder. Es verdad, era un capo canalla, con ínfulas intelectuales, autor del guion de *Raza,* intérprete mediocre de su propia película, *Franco, ese hombre,* y admirador de los filmes de Walt Disney. Sus obras completas son de un género cruel, con miles de personajes todavía desaparecidos en cunetas y fosas comunes. Cayeron de la tierra para abajo, en la psicogeografía del terror descrita con precisión poética por César Vallejo. Y así, con sangre, firmó sus verdaderas «últimas voluntades». Las cinco penas de muerte del 17 de setiembre de 1975. Pero Todo Aquello era un régimen encanallado, donde se humillaba al pueblo haciéndolo partícipe del elogio de la servidumbre. Una mafia empotrada en el Estado, que llegaba hasta la última ventosa de los tentáculos del poder, y que se fundió sin rendir cuentas, más bien ganándolas, en aleación con el nuevo Estado.

Ya no había un dictador, vivíamos la Transición hacia la democracia, pero como periodista, a los veinte años, en 1977, y ya promulgada la ley de Amnistía, fui detenido por orden de un juez militar. Una operación demasiado aparatosa para un «meritorio»: la Policía Militar, con metralletas, rodeando el domicilio familiar, para terror de mi madre, que lo había vivido, el terror, de niña en 1936. Se me abrió un proceso por delito de sedición. El motivo: un reportaje, contrastado, sobre una intoxicación alimentaria masiva en un cuartel. Se me preguntó si era antipatriota y dije que no. Nunca entendí que tenía que ver la intoxicación con la patria, y no pretendo hacer ningún chiste. Si lo cuento es por ilustrar con una experiencia la naturaleza convulsa de aquella Transición. No soy de los que la caricaturizan como un simple baile de disfraces. Sería una desinteligencia por mí parte. En 1981 se produce el intento de golpe de Estado del 23-F. En esa circunstancia, aparezco, y es otra perturbadora viñeta personal, en una lista de «elementos» a eliminar en Galicia. Por alguna razón, la palabra «elemento» siempre me puso en guardia. En esa lista, que llegó a publicarse, había cerca de mil «elementos». En el diccionario de María Moliner encuentro la acepción de «Cuerpo químicamente simple: *Tabla de elementos*». Los nominados podríamos constituir una «tabla de elementos». Creo que se ajusta más esta otra:

«Se usa muy frecuentemente con los adjetivos y expresiones "sospechoso, indeseable, peligroso, de cuidado", etc.». Escribo desde esa posición. La de ser un elemento. Un elemento de cuidado.

No, no comparto esa visión de la Transición como una rehabilitación arquitectónica del vetusto ruedo ibérico con fachada democrática de cartón piedra, y que de venir un huracán, y tumbar el decorado, veríamos un *remake* del franquismo. Es una visión superficial e injusta, porque, para empezar, concede todo el protagonismo de la Transición al maquiavelismo estatista, y desvaloriza o ignora todas las luchas sociales en ese cambio histórico. No hubo ningún favor. Cada paso importante tuvo su coste en dolor y represión. Lo que hay de democracia avanzada en la Constitución («España se constituye en un Estado social democrático de derecho», esa parte secuestrada), y lo que se conquistó de Estado de bienestar, sobre todo en salud, enseñanza y pensiones, son ahora avances amenazados por el capitalismo caníbal. Esto es así, así me parece, pero lo que tampoco puedo compartir es esa otra versión de conformismo embelesado que defiende la Transición como una obra de ingeniería política modélica, la mejor partida de ajedrez de la historia mundial.

Ese conformismo acrítico ha impedido ver las graves averías de Todo Esto. La dictadura se zanjó con una impunidad total. Una impunidad encofrada en silencio. Muy poco se ha hablado, casi nada, de la vida confortable de represores y verdugos; del abandono institucional de las víctimas y las personas desaparecidas; del desentendimiento por los bebés robados, muchos arrebatados a sus madres en las cárceles; de la desatención a las familias expoliadas de dinero y bienes; de los trabajos forzados de los presos políticos en empresas que hoy, algunas, todavía cotizan prósperas; del olvido de las víctimas de los campos de exterminio nazis, a quienes incluso se les privó de la condición de «españoles»; de la gente a la que se le castró la libertad de creación cultural, la ignorancia de la obra universal del exilio; de la fortuna acaparada por la patriótica familia del dictador, con una milagrosa posesión de bienes del patrimonio público, desde esculturas de la catedral de Santiago y pilas bautismales románicas hasta el Pazo de Meirás, el lugar gozoso de la escritora Emilia Pardo Bazán y hoy convertido en un almacén de trofeos de caza. ¡Ay, la caza, la ideología del Estado de Vergüenza!

La impunidad total ha conllevado la impunidad moral. Si se mantuvieron todos los privilegios; si, por ejemplo, los jueces del Tribunal de Orden Público, la Inquisición franquista, continuaron «impartiendo justicia», y en su mayoría, diez de dieciséis, ascendieron al Supremo y a la Audiencia; si no se establecieron controles y leyes de transparencia para garantizar una democracia eficaz y honesta, ¿cómo esperar que, de repente, los principios éticos determinasen las relaciones entre políticos y empresas? ¿No era ingenuo pensar que la gestión del sector público y la posterior privatización de las «joyas de la corona», las mayores y más rentables empresas, se regirían por la lealtad y la honestidad debidas al patrimonio de la nación?

Todo Esto es canallocracia. Todo Esto es rapiña y corrupción. La poesía es información básica para ir a la esencia de una época, por más que se la ignore. El termino *canallocracia* fue acuñado por Rubén Darío, que definió a sus integrantes con criminal precisión poética: «De rudos malsines, / falsos paladines / y espíritus finos y blandos y ruines, / del hampa que sacia / su canallocracia». Cambió el régimen, pero el estamento hampesco se mantuvo. Está ahí, actuando, en continua metamorfosis. Una parte fue detectada y, no sin obstáculos cómplices, está siendo juzgada. Pero fue imposible trazar una línea roja, ese acuerdo de consenso y emergencia, y la corrupción se ha encostrado como una identidad delictiva, con una democracia corroída, donde el dinero corruptor ha financiado campañas electorales e incluso ha servido a los corruptos para pagarse campañas de buena reputación en Internet. Es propio de la canallocracia cuidar mucho su imagen.

En el año fronterizo de 1975, el pintor Reimundo, que era en sí mismo una vanguardia, me llevó a un taller, con un altillo discreto, donde me presentó al poeta Georg Trakl, muerto en 1914, a Philip K. Dick, que aún vivía, y al joven Franz Kafka, que estaba y no estaba muerto.

Trakl estaba muy afectado, a pesar de estar muerto. Como médico, había tenido que atender sin medicamentos a decenas de heridos graves en la batalla de Grodeck. Allí escribió un poema, uno de los mejores informes sobre la Gran Guerra: «Hacia la noche, los bosques otoñales resuenan / con armas mortales…».

Los tres estaban allí porque compartían el horror a la historia del mundo como una sucesión de carnicerías bélicas. Ese sería el resultado inevitable si se consolidase un dominio distópico en lo porvenir, y que Phil Dick nos describió así: «La sumisión totalitaria a una burocracia industrial-militar despiadada».

Franz Kafka permanecía en un silencio pálido. Pero al hablar, la mirada se avivó. Iba por delante de las palabras. Y lo hizo, el hablar, con un cierto sonrojo:

—¿Cómo podrás disfrutar del mundo si no es refugiándote en él?

Porque quiero disfrutar del mundo, correr hacia él y no huir, escribo contra Todo Esto.

Porque no espero milagros de los Gobiernos, pero detesto a quienes los utilizan como máquinas de desesperación, escribo contra Todo Esto.

Porque mi identidad es la de la emigración y el exilio, mi partida de nacimiento, un certificado de náufrago, y mi patria la de la «maldita estirpe» de Cervantes, esa boca de la libertad que se abrió para decir: «Yo no estoy preñado de nadie ni soy hombre que me dejaría empreñar del rey que fuese».

Esa boca, la de la libertad, escribe contra Todo Esto.

Todo Esto es descivilización. La caída del Muro de Berlín, el fracaso del herrumbroso y totalitario imperio soviético, el triunfal neoliberalismo, ese período histórico fue saludado como el comienzo apoteósico de una Globalización Feliz. El credo del Fin de la Historia, la profecía oficial de Occidente, formulada por Francis Fukuyama, supondría el triunfo planetario de una divinidad bifaz: la democracia y el capitalismo. Pero la Globalización Feliz lo fue para el dinero volátil y para la expoliación de materias primas, pero no para las personas. En las fronteras, de las orquestas de países pobres, pasaban los instrumentos, pero no los músicos. Que no era el final feliz de la historia eso lo sabía hasta el gato de Fukuyama. Del código de barras de la Globalización Feliz fueron cayendo la defensa de la democracia, la justicia universal y la mínima moral humanística de garantizar el refugio y el derecho de asilo a las personas que huyen de una guerra. En el régimen mundial de la distopía, los pobres son tratados como culpables de su pobreza, los emigrantes estigmatizados como potenciales delincuentes, y los refugiados, como peligros. Un nuevo supremacismo, no tan nuevo, una derecha alternativa, no tan alternativa, pero sí jactanciosa, donde el laboratorio de ideas huele a barbacoa y se churrasca la Declaración Universal de Derechos Humanos.

TODO ESTO ES RETROCESO Y REARME. Mientras la cooperación internacional y la ayuda humanitaria se reducen o congelan como ideales obsoletos, mientras se recortan los fondos destinados a políticas sociales, mientras se degrada la sanidad pública y se privatiza el cuidado de la salud, mientras se desvalijan los sistemas de pensiones a la vejez, mientras aumenta la pobreza infantil, el régimen mundial de distopía ha redescubierto el gran yacimiento catastrófico: la carrera armamentística. El triunfo del complejo industrial-militar, como un poder fuera de control, ya fue advertido como el mayor peligro para la humanidad por el presidente y general Eisenhower, un conservador, en un discurso de despedida que se debería desempolvar como se hizo con los Papeles del Pentágono. La descivilización que supone el nuevo armamentismo se incrementa con el desdén a la Carta de la ONU y a la multilateralidad, una esquivez que puede hacer desandar al mundo a un tiempo anterior a las grandes guerras del siglo XX, pero con una potencia, la nuclear, de pesadilla infinita. En el régimen de la distopía, las propuestas de total desarme atómico son utopías fósiles para quemar en la barbacoa del *think tank*. A esta impaciente carrera armamentística se ha sumado España con un delirante entusiasmo presupuestario. En nombre de la seguridad, más inseguridad.

TODO ESTO ES LA PRODUCCIÓN DE MIEDO PARA PONER EN CUARENTENA DERECHOS Y LIBERTADES. Un vaciado democrático con leyes y tribunales excepcionales que acaban ocupando la normalidad. Entre las averías de un Estado de derecho, tal vez la más gravosa y fraudulenta es contraponer seguridad y libertad. Esa desinteligencia de que, en «momentos momentáneos», hay que renunciar a la libertad para ganar seguridad. Y en ese falso dilema adquiere todo sentido la ironía de Mark Twain: «Gozamos de tres bienes de inconmensurable valor: la libertad de palabra, la libertad de conciencia, y la prudencia de no poner en práctica ninguna de ellas». Sí, en España tenemos que tener extremada esa prudencia de no ejercer las libertades, pues existe una ley de «Protección de la Seguridad Ciudadana», que la gente ha denominado con inteligente precisión la «ley Mordaza», concebida *ad hoc* para intimidar a sindicalistas, ecologistas o a quienes luchan contra los desahucios, con el poder gubernativo de ser juez y parte. Un Estado de Vergüenza que coloca a la sociedad civil bajo sospecha.

TODO ESTO ES LA SUSTRACCIÓN DE LA DEMOCRACIA. La supremacía moral de la democracia radica en la capacidad para resolver conflictos por el sistema de contar cabezas y no de romperlas. Que levante la mano quien sea capaz de enmendar a Max Frisch: «Democracia significa más democracia». Al carpintero y periodista libertario José Villaverde lo quisieron poner contra las cuerdas: «Libertad, sí, pero ¿y después qué?». Y él respondió: «Después de la libertad, más libertad». Una de las causas de la melancolía y de la crisis democrática es el actual modelo de liderazgo, ese estilo que en Portugal denominaron en otros tiempos *general ao carneiro*. El mandatario que embiste contra todo lo que se mueva. En lugar de resolver los conflictos con la naturaleza propia de las democracias, con más democracia, en los Estados se está prodigando cada vez más el reflejo intimidatorio. Orwell advirtió que el nuevo totalitarismo vendría enarbolando la bandera de la libertad. Y es en nombre de la libertad que se promulgan leyes con el declarado propósito de protegerla en un relicario. ¿De quiénes? De aquellos que quieren ejercerla. En el Estado de Vergüenza, molesta la libertad que no calla, que no se somete. Pero la que más desequilibra a la derecha furiosa es la libertad solidaria.

El capítulo 14 de *Las uvas de la ira* es uno de los grandes momentos de coraje de la boca de la literatura, por lo que cuenta y cómo lo cuenta. En un campamento de desposeídos, los que han sido expulsados de sus tierras por la Gran Depresión, tras el crac bancario del 29, en marcha hacia el Oeste. Un capítulo de murmullos en la oscuridad, un provisorio lugar de encuentro de náufragos de una crisis provocada en otro momento del capitalismo mágico, uno de esos lugares donde se ventila la vida, murmullos que son un rumor que atraviesa la historia. Escuchad: «Los niños escuchando con el alma las palabras que sus mentes no entienden. La noche cae. El pequeño está resfriado. Toma, coge esta manta. Es de lana. Era la manta de mi madre, cógela para el bebé». Esto es lo que hay que bombardear. Este es el principio: del *yo* al *nosotros*.

Todo Esto es la producción de grietas de desigualdad. El incesante bombardeo para destruir ese principio, ese puente entre el *yo* y el *nosotros*. Entre el singular y el plural, existe ese pronombre que abre paso, el de la ayuda mutua, un algoritmo transmitido en la adversidad, tantas veces clandestino, pero que se mantiene irreductible. Es a la vez sentimiento, emoción, necesidad, rescate, el centro exacto de una mínima moral, la primera pizca de vergüenza que activa la pulsión solidaria que fue hilando lo que Walter Benjamin expresó como un «acuerdo secreto entre generaciones». Todo Esto conspira contra ese vínculo. Es una fábrica de grietas, que hacen de este mundo, del Estado de Vergüenza, un infierno con élites encastilladas en su despilfarro. La desigualdad social, con una brecha que se abisma. La desigualdad de géneros. La desigualdad entre países. La desigualdad entre generaciones. La segregación escolar. Esta última, la separación desde la infancia en función de la clase social, la creación de guetos, es un germen principal de distopía.

Todo Esto es el desmantelamiento de los espacios comunes. La libertad individual, la autonomía, la independencia, el cultivo de la diferencia son conquistas irrenunciables, una rebeldía fundacional contra una historia deprimente de esclavitudes y servidumbres. Esa otra historia de la infamia, la del partido de la inhumanidad, la sucesión de psicopatías imperiales intentando el dominio absoluto de cuerpos y mentes. Así que, cuando en el *Ulises* de Joyce se dice que cada persona es una nación, con qué alivio respondemos: «¡Aleluya!». Pero también vivimos con creciente angustia, como una pérdida que nos limita como personas, la corrosión de lo comunitario, de la transmisión entre generaciones, de los vínculos solidarios como los sindicatos de base, las asociaciones vecinales, ecologistas, culturales, escuelas de ayuda mutua y democracia. ¿Cómo puede cultivarse el civismo, el aprecio por el bien común, sin viveros de civismo, sin espacios solidarios? ¿Cómo puede haber democracia sin memoria democrática, de lucha por la libertad? ¿Cómo puede contarse la historia si se la despoja de la rebeldía ante la injusticia? En el régimen dominante de la distopía, son muy atacadas las iniciativas del movimiento *okupa* para convertir en experiencias de autogestión cultural espacios públicos abandonados. ¿Por qué molesta tanto este activismo situacionista de convertir el no-lugar en lugar humano, de encuentro comunitario y creativo? Porque pone en evidencia el despilfarro y, en el fondo, el miedo a modos de vivir y pensar alternativos. Sí, cada vez que nace algo nuevo salen las jaulas detrás. Como ya salieron detrás del pensador chino Pao Tsing Yen, en el siglo III, autor de un maravilloso texto libertario: «Los letrados confucionistas pretenden que el Cielo, al crear al pueblo, estableció a los reyes. ¡Cómo! ¿Habría el Cielo expresado así su voluntad? La relación rey-siervo surgió porque hubo sumisión y, como hubo servidumbre, el pueblo impotente fue dominado». Y las jaulas ya habían salido detrás de los heliopolitas, creadores de la Ciudad del Sol, y que tenían por dios a Helio. ¿Por qué? Porque era el dios de la justicia: el sol brilla para todos por igual. ¡En el 133 a. de C.! De todas las historias, la de la rebeldía contra la injusticia, en personas humanas y no humanas, es la más extraordinaria, porque se proyecta como un permanente rescate que germina y reactiva la esperanza aun bajo la losa de los tiempos muertos.

TODO ESTO ES LA PRODUCCIÓN DEL ODIO HACIA EL OTRO, el diferente, en cuanto se vea como una diferencia inferior, o salvaje, o peligrosa. El odio es acumulativo. Por ejemplo, racista y clasista. Un racista que rechaza al pobre suele adular al rico del mismo lugar de origen. La pobreza es fea y culpable. Como una desgracia elegida, a la manera en que una piedra no cae por ser arrojada al suelo, sino porque elige caer. Sobre todo cuando el otro es el migrante, el refugiado, el diferente, puede dar lugar a una identidad resentida basada no en lo que uno es o puede dar al mundo, sino en aquello que niega al otro. Si Walter Benjamin advirtió que detrás de un documento de civilización hay un envés de barbarie, vemos con qué sorprendente rapidez, en súbitos retrocesos históricos, ese revés se pone del derecho, y quienes se erigían en defensores de la civilización no dudan en destruirla y arrojar como proyectiles todas sus sílabas de mármol a la cabeza de aquellos que eligen como sus bárbaros. Discursos de una derecha furiosa, altisonante, que apabulla a los políticos y gobernantes «blandos». Esa emisión histérica de odio acaba haciéndose invasiva, como un mal de aire, que petrifica las conciencias.

Todo Esto es el machismo como sistema. O mejor dicho, el machismo es el sistema. Un sistema de dominación permanente, una jerarquía de extensión universal, con ocasionales y minoritarias excepciones, de «matriarcados» consentidos por los machos y útiles para ellos en tiempos de guerra o migraciones. Una dominación transversal y planetaria, común a todas las sociedades, modos de producción, y a las grandes religiones con las máquinas políticas machistas que son las iglesias oficiales.

Todo Esto es la doble explotación de la mujer, como clase y subclase universal. En los empleos, la desigualdad a igual trabajo con el hombre, con grandes brechas que pueden alcanzar la mitad del salario. Y ese trato discriminatorio se produce en una fábrica textil de un país pobre o en un estudio de cine en Hollywood. Más precariedad en lo precario. Más temporales los contratos temporales. Más bajas pensiones. El trabajo gratuito como el de las cuidadoras de ancianos, enfermos y dependientes. La mayoría de ellas, una clase obrera de veinticuatro horas al día. Las mujeres o no figuran o son minoría en los puestos directivos de las empresas, y en los de poder real en la política, que se suelen cubrir por la coaptación machista, y al margen del saber y la capacidad. Incluso en las políticas locales democráticas, allí donde existe paridad, la desigualdad se manifiesta en que los hombres suelen ocuparse de las áreas donde hay mayor interés económico, como Hacienda o Urbanismo, mientras que las mujeres gestionan las áreas sociales. Van camino de ser mayoría en el campo de la enseñanza, la medicina y la investigación.

Miles de ellas, doctoradas que cobran como «becarias». Eso sí, a las órdenes de gerifaltes bien pagados.

Todo Esto es inquisición contra la mujer. En la mayoría de las religiones, las mujeres son las que más acuden a los templos y son sometidas a un control dogmático en su modo de vida, pero no pueden ser sacerdotisas, con muy pocas excepciones. Las iglesias, con sus jerarquías eclesiásticas machistas, han fomentado la sumisión femenina y justificado el maltrato. En sus expresiones fanáticas, han demonizado a la mujer dando lugar a persecuciones, como las quemas inquisitoriales por «hechicería», que forman parte de la historia más horrenda de la humanidad. Todavía hoy, en una parte considerable del planeta, cuando la mujer toma la iniciativa en el deseo sexual, o lo vive al margen del matrimonio, o de una manera libre que cuestiona la heterosexualidad, será represaliada e incluso castigada con la muerte.

Todo Esto es la guerra contra la mujer. La forma más extrema, pero no infrecuente, del sistema machista para someter a la mujer, más de la mitad de la humanidad, es la violencia. Alcanza la dimensión de un feminicidio incesante, con más de 60.000 asesinatos anuales de media en las últimas décadas. Millones de mujeres son maltratadas, torturadas física y psicológicamente, esclavizadas, y objeto de trata sexual, siendo subastadas y vendidas por las mafias internacionales. El «histerismo» fue en tiempos una denominación genérica de reacción anómala o dolencia mental en la mujer. Pero hoy en día, el «histerismo masculino» es una de las formas más precisas de nombrar la pulsión que impera en los mecanismos de poder, desde dominio académico cultural hasta el belicismo.

TODO ESTO ES LA GUERRA CONTRA LA NATURALEZA. A este expolio sistemático, a esta violencia, lo denominamos con amable imprecisión «cambio climático» o «calentamiento global». Y se suele presentar como una amenaza incipiente, aplazando graciosamente la gravedad de la amenaza, para transmitir en generosa herencia el apocalipsis a nuestras amadísimas generaciones futuras. Una gran hipocresía, que en el caso de los negacionistas, algunos comandantes en jefe de la distopía, tiene un carácter criminal. Se pretende la desregulación de la protección, el bloqueo y sabotaje de los acuerdos internacionales, y dar rienda suelta a la depredación del capitalismo impaciente. Debería existir una Corte Penal Internacional para juzgar estos actos de guerra contra el ecosistema planetario, que daña e hipoteca la vida de las personas humanas y no humanas, y hace vulnerable toda la vida en el planeta. Con mejor o peor intencionalidad, se propaga la idea consoladora de que la ciencia acudirá en última instancia a reparar el desperfecto. Es la superstición científica. La ciencia puede ser utilizada, y lo está siendo, como un instrumento de la bioperversidad. Pues el expolio de los recursos naturales va agravado por el envenenamiento masivo, las fumigaciones, el uso de pesticidas y herbicidas, y la extensión de los monocultivos y la uniformización por medio de los cultivos transgénicos. Esta evidencia sulfura a los técnicos y científicos y a las grandes empresas que se lucran de la bioperversidad. Pero ya no hay lugar para equívocos. Las palabras, como las luciérnagas, detectan el veneno de la mentira.

TODO ESTO ES LA CAZA DE LOS ECOLOGISTAS. La defensa del medio ambiente choca con muchos intereses económicos, sobre todo los propios del capitalismo más impaciente y depredador, que se basa en la velocidad del expolio de las materias primas. Irrita a grandes latifundistas, terratenientes o empresas, que se han hecho, con la complicidad política, con las tierras de los pueblos originarios. Desquicia a los poderosos emporios que se enriquecen con la energía, con medios de producción nocivos y lastimosos para la vida en el planeta. Enoja a quienes tienen el monopolio de los productos químicos agrícolas que están intoxicando la tierra. Desequilibra a la industria cárnica y a quienes mantienen sistemas crueles de explotación animal. Encoleriza a quienes defienden como sublime espectáculo cultural las corridas de toros. Molesta a los Gobiernos porque les obliga ante la ciudadanía a actuar, o simular que actúan, para proteger el medio ambiente. No es un movimiento sectorial, como no lo es el feminismo. Es el principal freno a la distopía, y abre paso a otra civilización. A una libertad solidaria; a otra forma de relacionarse con las personas no humanas, los seres sintientes y la naturaleza; a una economía honesta; a otra manera de alimentarse y viajar. A otra vida, a otro pensamiento. Que la ecología es una revolución eficaz y pacífica, eso lo saben muy bien sus enemigos. Es significativa la nueva criminalidad que tiene por diana el activismo ecologista. Es ya muy larga la lista de muertos y desaparecidos. Esbirros de la distopía asesinaron a tiros a Berta Cáceres, en 2016, en Honduras, ecologista y feminista, líder en la oposición a la presa de Agua Zarca, que inundará y destruirá la vida de las comunidades lencas que habitan esos valles. Tenía 42 años y era madre de dos varones y dos hijas.

Estaba amenazada. Muy amenazada. Fue abatida, con la complicidad de los poderes que debían protegerla.

Si digo Berta Cáceres, siento vergüenza.

Si digo Berta Cáceres, siento esperanza.

Su gente sigue luchando.

Todo Esto es la domesticación intelectual. Este, el de *intelectual,* es un término que hoy parece nombrar una especie extinguida de dinosaurios ilustrados, pero que de vez en cuando se rescata, bien para solemnizar la opinión oficial, que es lo más frecuente, o bien, en el mejor de los casos, para introducir un poco de matiz en el bochornoso estado de unanimidad. Pero lo de la especie a extinguir no deja de ser una visión interesada. En la práctica, si entendemos por intelectual la gente que tiene el oficio de opinar, en forma de debates o tertulias en los *media,* hay más intelectuales que nunca. En la memoria cultural heterodoxa, todavía se asocia el ser intelectual con «estar comprometido». Y ese compromiso significaría criticar el poder. Es un equívoco. Hoy la mayoría de quienes se consideran intelectuales influyentes forman parte del gran partido conformista, son activistas del retroceso. Ya ocurría así cuando Émile Zola escribió su legendario *«J'Accuse...!»* («Yo acuso») contra el antisemitismo. La mayoría de los otros «intelectuales» embistieron contra él, lo apodaron «anarquista del atril», y finalmente consiguieron que fuera perseguido y tuviera que exiliarse. Hasta el papa se ha lamentado por el «silencio de Dios». Pero ¿qué sabemos de Dios? El silencio terrenal de los que saben, o peor todavía: prestan su voz para legitimar el Estado de Vergüenza, olvidando la inolvidable lección de Edmund Burke, que no era un revolucionario, sino un lúcido conservador reformista: «Cuanto más poder se tiene, más peligroso es el abuso».

TODO ESTO ES LA INDIFERENCIA Y EL CINISMO. En el periodismo, el problema no es la desobediencia, sino la obediencia. *Los cínicos no sirven para este oficio* es el título de un célebre ensayo de Kapuscinski sobre el periodismo. Hoy podríamos decir que el periodismo, y en no pocas plazas, es un oficio tomado por el cinismo. Esos contingentes cínicos han usurpado la profesión aprovechando la crisis, una crisis económica, de encrucijada tecnológica, pero también existencial, con un desencanto y una pérdida de estima. En lugar de vislumbrar una salida, la complementariedad de los soportes y las redacciones híbridas, la crisis se ha acentuado por los fanáticos del «solucionismo tecnológico». En la superstición del mundo digital y virtual, se ha descuidado o perdido la principal herramienta del periodismo: la escucha. Escuchar a la gente, no solo a los gabinetes del poder. Es el lugar de los porqués. Cuanto más mudo sea el silencio, la boca del periodismo dice: ¿por qué? El descrédito se produce cuando, en lugar de ser un hábitat de preguntas que hilan causalidades y de biodiversidad, el medio periodístico se uniformiza, pierde la condición de espacio común, y el instinto de la disidencia es aplastado por la indiferencia. Y hay un verso de Lois Pereiro que dice: «La indiferencia mata». Frente a la indiferencia, hay que vivir el periodismo como un activismo.

Nada de partidario. Un activismo de la escucha y de la pregunta, un activismo que no renuncie nunca a la presencia, un activismo de la diversidad. Un activismo donde la libertad sea el cuerpo del lenguaje. Un activismo, como quería Albert Camus, que se niegue siempre a dominar: «Negarse siempre, y eludiendo cualquier pretexto, a toda clase de despotismo, incluso provisional». El periodismo tiene que sostenerse, pero no es un negocio. Es un bien necesario. El lenguaje de la indiferencia pavimenta el camino de la distopía, el retroceso democrático y la descivilización. Informar significa construir un lugar libre, rebelde, insurgente, es decir, donde las palabras se mantengan en pie. Por eso el periodismo no va a morir. No puede ser sustituido por presuntas «redes sociales», con usuarios respetables, pero que, en realidad, son grandes maquinarias comerciales para quienes somos no solo clientes, sino valiosa materia prima que vender. Frente a la crisis del periodismo, hay una alternativa apasionante e infalible: más periodismo.

Todo Esto es la amputación de la cabeza. Hay medidas que se suelen presentar con eufemismos médicos, como *terapia* o *tratamiento,* para atenuar el *shock* de la amputación. No es infrecuente que en realidad la enfermedad se trate de una creación imaginaria y que aquello que se extirpa o se corta tenga la forma de una sustracción. Siempre se recorta o amputa lo más necesario, empezando por la cabeza. En los últimos años, España es el país que más ha recortado en investigación y el gasto sigue en continua caída. Si hay una urgencia en investigación, es abrir una investigación sobre los presupuestos de investigación. A ser posible, antes de que se marchen los últimos mohicanos de la investigación. Los recortes de recursos y el abaratamiento de personal van acompañados del engaño presupuestario. Una treta de Gobierno malevo, denunciada por las asociaciones de investigadores. La mayor parte del dinero, 62 % (3.155 millones de euros) no se emplea porque solo existe en el papel. Una operación de camuflaje en el centro exacto del abandono.

Todo Esto es paraísos fiscales, corrupción sistémica, una mezcla de la economía gris y la criminal. Sus santuarios son los paraísos fiscales. En grandes momentos críticos, como hizo el entonces presidente de los Estados Unidos George Bush después de los atentados del 11-S, los principales líderes se comprometieron a poner fin a los paraísos fiscales. La guarida para el botín de toda gran organización criminal. Un propósito siempre frenado antes de arrancar. Porque son algo más: los templos donde se rinde culto al dios de dioses: el dinero bifaz de la Estafa y la Banca.

Todo Esto es la propagación en el uso de la LAWFARE (guerra jurídica) por parte de los poderosos, con su ejército de letrados y cualificados desertores de la función pública, para doblegar a gobernantes indóciles o desbaratar movimientos que importunan el libre expolio, la depredación de los recursos, la ocupación de tierras de los pueblos originarios, la privatización de los mares para sus granjas marinas (sí, las jaulas también corren detrás de los peces). En la Oficina de Todo Esto, un concierto de manos muy visibles, hábiles en lo suyo como *croupiers* en el casino de Todo Esto, componen la gran mano invisible que mueve los hilos y toca teclas para mantener Todo Esto. Adam Smith, el mentor de la mano invisible original, se moriría de vergüenza al ver su invención original como una zarpa de autómata.

TODO ESTO ES SUSTRACCIÓN DE LA CULTURA COMO HÁBITAT DE LIBERTAD. El debate sobre lo que los Gobiernos hacen o dejan de hacer por la cultura se suele centrar en los continuos recortes presupuestarios. Pero el principal daño no está tanto en lo que no hacen sino en lo que hacen: privilegiar en los medios de comunicación y espacios públicos la llamada «cultura de masas», entendiendo por tal la cultura del espectáculo comercial, decorativa, conformista y estupefaciente, marginando o acallando las expresiones vanguardistas, innovadoras, críticas o de la tradición inconformista. En el Estado de Vergüenza se utiliza de forma escandalosa el deporte, y en nuestro ámbito el fútbol, como un instrumento de poder y negocio especulativo, cuando no corrupto. Esa industria político-deportiva, prepotente e invasiva, impide la biodiversidad en el mundo deportivo y perpetúa la discriminación de género, empezando por el fútbol femenino.

TODO ESTO ES ANTIEUROPEÍSMO REACCIONARIO, que corroe Europa desde fuera y desde dentro, para neutralizarla como un espacio de resistencia a la apisonadora del internacionalismo ultra (que ha usurpado el término *liberal* para sodomizarlo los ricos), a la destrucción del Estado de bienestar; para minarla como tierra de libertad y refugio; para amedrentarla como cuna de revolución, vanguardia y autocrítica, y entregarla de nuevo a la modernidad retrógrada, la atildada cofradía de acaudalados, militaristas y fabricantes de odio, cuyos discursos tienen el eco de aquella Comisión Trilateral que en 1975 proclamó que en los años sesenta (Mayo francés, masivas protestas contra la guerra del Vietnam, movimiento de los Derechos Civiles…) se había cometido un error: un «exceso de democracia». Ese es el objetivo de la operación de taxidermia de Europa: impedir para siempre un «exceso de democracia».

TODO ESTO SON LAS PUERTAS GIRATORIAS EN LA OFICINA DE TODO ESTO. Esas puertas giratorias son unipersonales. Cada usuario tiene su puerta, o cada puerta, su usuario. Podríamos decir, en el mundo de la superinteligencia, que la puerta y el usuario son lo mismo. La puerta giratoria permite una mutación de poder. Una persona con poder en un Estado, gobernante o alto funcionario, lo que en términos de confianza se llama «servidor público», pasa a ocupar un puesto de ejecutivo o asesor de confianza al servicio de un poder financiero o empresarial. Y al contrario. Por ejemplo, altos ejecutivos de la banca pasan a ocupar ministerios donde se decide la política económica. Un espectáculo transformista que se ha hecho habitual en el neoliberalismo, justamente la ideología que predica la deconstrucción del Estado de bienestar y el minimalismo de lo público. ¿Recuerdan? Decían: «El Estado no es la solución, sino el problema». Los ultras o neos más radicales preconizaban la privatización total, los caminos, las cárceles, el agua o el aire. La travesura de aquellos «chicos» se ha convertido en la fe de Todo Esto. La superstición monetaria, en la que solo tiene razón de existir aquello que es rentable, es la creencia dominante. La travesura triunfa en gran parte del mundo. Con un giro de guion tragicómico. El Estado ya no es un problema: se han quedado con él los que lo consideraban un estorbo. El problema ahora para la Oficina de Todo Esto es la sociedad, la resistencia de la «mano común» frente a la «mano invisible».

TODO ESTO ES EL ABARATAMIENTO HUMANO EN LA ERA DE LA ROBOTIZACIÓN. Los movimientos obreros luditas del siglo XIX que lucharon contra la mecanización en la «revolución industrial» fueron reprimidos *manu militari.* Así ocurrió, por ejemplo, en Manchester (Inglaterra) o Alcoi (España). Aparte del castigo, y en muchos casos la horca, por el crimen de inutilizar máquinas, fueron retratados para la historia como unos chiflados anacrónicos que se oponían al progreso imparable y al avance técnico. A lo que se oponían, en primer término, era a la pérdida del trabajo y la condena a la miseria y el hambre de sus familias.

No hay luditas, por ahora, en la gran segunda era de las máquinas. La informatización, la automatización masiva y la robotización suponen un cambio en el sistema económico y en la vida en general que va mucho más allá de la primera mecanización industrial. Todo se presenta como un triunfal salto adelante. El futuro de millones de empleos, el lugar de las personas, solo se presenta como inevitable contratiempo que la inercia (esta vez, la invisible mano robotizada) solucionará. Se dice: los robots crearán más empleos que los que se destruyen. ¿Dónde? La desigualdad entre países, las brechas en investigación, el nuevo tecnoimperialismo son asuntos que se obvian.

No son los robots los que deben angustiarnos: son los jefes humanos quienes dirigen las fuerzas de la inhumanidad.

Todo Esto es la creciente mercantilización y burocratización de la enseñanza, intentando sustraerla de la tarea que le da sentido: enseñar a pensar. La distopía impone un modelo en que la enseñanza no sería otra cosa que el brazo instructor de una modernidad regresiva en que el rendimiento, entendido siempre como «debe» y «haber» contable, es el valor supremo. Todo Esto es el descrédito de la enseñanza pública, hasta ahora el mejor hábitat para la esperanza en España. Los recortes, la burocratización, el precariado, la política de brutalización ambiental, la indiferencia de la sociedad banal, una Administración que oscila entre el abandono o la desorientación compulsiva, todo eso contribuye a la desmoralización de las personas docentes, que practican cada día en el aula la heroicidad de la decencia ordinaria. Es la gente en primera línea de la enseñanza la que quizás más sufre el síndrome del *burn-out*, el queme del estrés, el «infarto del alma». La enseñanza es el lugar genuino de los porqués. Es clave la erotización de la enseñanza, el aula como un espacio de encuentro entre generaciones, donde vivir cada hora de aprendizaje como una experiencia de descubrimiento y sorpresa, como un lugar que nos proteja de la rutina y nos sitúe en la lógica del asombro. Llevamos décadas de aburrimiento en que el pensamiento pelma ha machacado la herencia del Mayo del 68 y reclamado su castración definitiva. Pero el peligro para la cultura es Thánatos, el destructor reaccionario, y no la pulsión de Eros, que estaba en la esencia misma del situacionismo y de la inteligencia alternativa. No solo necesitamos la erótica para rescatar de la persecución de jaulas a la enseñanza. La necesitamos para todo. La democracia efectiva será afectiva o no será. La distopía genera desconfianza. Hay que forjar una confianza básica, entre libres e iguales. Esa utopía germina en la enseñanza.

Todo Esto es una tradición basada en pompas, fúnebres o festivas, o festivas y fúnebres a la vez, donde todavía prevalece la ficción de una identidad o marca que tiene como iconos principales dos sacrificios: el sacrificio divino o la Pasión, con las procesiones religiosas, y el sacrificio taurino, o las corridas de toros, declaradas Bien de Interés Cultural. En realidad, la España democrática arrastra el desasosiego de una tradición amputada, con el martilleo de un conservadurismo más reaccionario que conservador, alérgico a una tradición plural y laica, librepensadora y federal, una realidad negada, desterrada *ex terminis* de toda conversación, estigmatizada como si nombrase un «mundo de enemigos». Ese malestar que carcome la coexistencia podría revertirse si, con una revolución de la mirada, pudiéramos vernos en un espejo civilizatorio, de autocrítica y convulsión creativa, el de un ecosistema plural donde las identidades fueran recursos compartidos, un espacio común construido con lexemas de simpatía.

Todo Esto es desmemoria, o peor aún, contramemoria. El retroceso en marcha, el régimen de la distopía totalitaria, necesita propagar el virus de la amnesia retrógrada, una política activa del olvido, un borrado de la memoria de las luchas solidarias, de ese algoritmo humano que es la rebeldía contra la injusticia. No hay democracia sin memoria democrática. No hay libertad sin ese líquido amniótico de la memoria. Después de la

41

Revolución de Octubre, el pintor Chagall abrió su taller a la gente del pueblo. Quedó maravillado. Muy pronto aprendieron a pintar caballos de colores, caballos libres, que convirtieron en pancartas colgadas de los balcones el primer 1.º de Mayo celebrado sin represión. Pero unos meses después Chagall recibió una visita. Comisarios llegados de Moscú. Traían retratos de los nuevos mandatarios del Estado. Esos serían los modelos en que deberían ejercitarse los artistas populares. Así que, al siguiente 1.º de Mayo, las pancartas mostraban los rostros ceñudos de los líderes. Y en la marcha, la gente, silenciosa, de vez en cuando levantaba la vista buscando inútilmente los caballos de colores. Hasta que se perdió la memoria. Y la revolución.

En España, el virus de la desmemoria, como los llamados «troyanos» en los discos duros de los ordenadores, ha hecho estragos. Por algo muy sencillo: no puede haber una democracia avanzada, fértil, sin memoria democrática. La de la educación y la cultura ha sido en España una historia en gran parte dramática, dominada por el Destructor. Los mejores momentos, los que cantan y bullen en la memoria, son aquellos en que se abrió paso la pulsión de Eros, del deseo: la Escuela Moderna de Ferrer i Guardia, los ateneos libertarios, la Institución Libre de Enseñanza, la Residencia de Estudiantes, las Misiones Pedagógicas de la República, las imprentas incansables del exilio, la resistencia de Ruedo Ibérico, los cineclubes y las asociaciones vecinales en el franquismo, la movida… Sí, la denostada movida. Un hedonista callejón sin salida, dicen. Pero estaba lleno de gatos con siete vidas. Ahora el callejón parece vacío. No lo está. La indignación del 15-M es parte de una memoria del rescate utópico que se tiene que reactivar como rebeldía eficaz contra la distopía.

CONTRA TODO ESTO, contra la distopía y la vergüenza, hay palabras balbuceantes, cojas, vagabundas, indómitas, escondidas en la oscuridad, chamuscadas, intoxicadas, contaminadas, heridas, torturadas, desdentadas, lisiadas, tropezando con las lámparas, cayendo por los patios, girando el dial como un molino, raspas de palabras, erizadas, divagantes, errantes, deseosas de poner la libertad en el cuerpo del lenguaje.

Qué placer erótico en el paladar.

Me gusta este poema de preguntas de Lawrence Ferlinghetti:

> Hijos de Whitman hijos de Poe
> hijos de Lorca & Rimbaud
> o sus oscuras hijas
> poetas de otro aliento
> poetas de otra visión
> ¿Quién de entre vosotros todavía habla
>   de revolución?
> ¿Quién de entre vosotros todavía descerraja
>   los candados de las puertas?

Un periodista alemán llamado Karl Marx, de veinticinco años, luchador por la libertad en Prusia, escribe una carta a un editor amigo, Arnold Ruge, en la que se lamenta de un país «hundido en el bochorno», al que podría redimir la vergüenza. «Me mirará usted sonriendo y me preguntará: ¿y qué salimos ganando con ello? Con la vergüenza solamente no se hace ninguna revolución. A lo que respondo: la vergüenza es ya una revolución».

La vergüenza abre paso.

La vergüenza abre paso a la esperanza. La esperanza no se espera. Hay que arrancársela de los brazos al conformismo.

Abre paso a la pulsión del deseo, frente a la depresión en la que nos quiere ver el retroceso.

Es una tarea erótica a la que no podemos renunciar: el producir otro tiempo, el producir esperanza.

Esa palabra que no siente miedo cuando la escribes.

LA ESPAÑA
DEL
CAPITALISMO
MÁGICO

La Generación Perdida
y la Generación Delincuente

Una de las extravagancias del compositor Erik Satie era escribir cartas que no enviaba nunca a sus destinatarios. Espléndidas, como se supo mucho tiempo después cuando fueron publicadas en libro. Eso nos da una idea de lo solitario y lo incomprendido que se sentía. Era un artista genial, es decir, un antiartista, en una época con el reloj atrasado: «Vine al mundo muy joven en un tiempo muy viejo». Su música llega cada día más lejos, como un viento de sutil ironía escapado del laberinto histórico. En el decir de Vicente Molina Foix, «Satie es el maestro del desconsuelo optimista».

Es este un hallazgo de magnífica precisión. Falso, obsoleto y peligroso el optimismo todavía imperante del Progreso Imparable, ¿por qué no valernos de «un desconsuelo optimista»?

Las notas musicales de Satie podrían haberse precipitado en el silencio, pero se abrieron paso con una rebeldía competente. Frente al cinismo inapetente, cómo cunde un desconsuelo optimista.

—*You are all a Lost Generation!*

«¡Sois todos una Generación Perdida!», le espetó Gertrude Stein a un joven Hemingway. ¡Qué puntería, la de la poeta botánica de una rosa es una rosa es una rosa!

Nada se pierde en esa generación. La de *Manhattan Transfer*, de John Dos Passos, *El ruido y la furia,* de William Faulkner, o *Las uvas de la ira,* de John Steinbeck. La que cargaba con el estigma de Generación Perdida pasó a ser una maravillosa Generación Germinal.

Es una buena noticia que en la España actual la llamada Generación Perdida le esté dando un corte de mangas al destino. Es la generación del desconsuelo optimista. De la rebeldía competente. En *El hombre rebelde,* Albert Camus habla de la necesidad de un primer «no», un «no» fundacional. El «no» a la injusticia. Pero ese «no» es la potencia afirmativa. Es un movimiento que dice que sí a todo lo que merece la pena.

En este largo y perseverante estado de excepción económico, que es también una quiebra social, cultural y política, la etiqueta de Generación Perdida ha sido adjudicada con notable éxito onomástico a los adolescentes y jóvenes inmersos en los efectos del *shock.* Una denominación que se basaba en una fatalidad estadística: más del cincuenta por ciento de desempleo juvenil, junto con una alta tasa de fracaso y abandono escolar. Pero esa etiqueta, al igual que otras que la precedieron, como Generación X o Generación Ni-ni (ni estudias ni trabajas), no era ni es neutral. En su intencionalidad, respondía más a la taxidermia conservadora que a una expresión sociológica.

Como ocurre con las tragedias griegas, parecía un designio propio del destino. La generación de la crisis como Generación Perdida. Se incorporó al lenguaje habitual de políticos y analistas españoles, pero también pasó a figurar como tópico en la retórica de los portavoces del FMI, la OCDE o la Comisión Europea. La juventud española como sinónimo de Generación Perdida. No parecía ser el resultado de una causalidad, de una política de corrosión y abaratamiento, sino una especie de peste bíblica o de accidente natural que por casualidad castigaba en especial a la península ibérica, pues Portugal también tiene su Generación Perdida.

Hay muchos carteles y grafitis que explican mejor lo ocurrido que muchos de esos informes de expertos que nunca han pisado una calle de barrio ni un hospital ni un centro público de enseñanza. Me quedo con uno, muy sencillo, recién visto en un documental sobre el 15-M. Es un cartón que lleva una muchacha, con un desconsuelo optimista, mientras suena «El blues de la Generación Perdida», de Amaral. Dice la pancarta: *Pronto usados, pronto tirados*. Eso es lo que está en el núcleo de lo que ha ocurrido, de lo que está ocurriendo, de lo que se quiere establecer como futuro.

Sobre generaciones, hay un texto muy interesante de Ortega y Gasset, cuando era un joven rebelde y competente. No habla de una Generación Perdida, sino que arremete contra lo que denomina Generación Delincuente. El fragmento aparece en *El tema de nuestro tiempo* (1923): «La generación delincuente se arrastra por la existencia en perpetuo desacuerdo consigo misma, vitalmente fracasada. Yo creo que en toda Europa, pero muy especialmente en España, es la actual una de estas generaciones desertoras».

¿Quién es hoy esa generación desertora y delincuente? No, desde luego, la Generación Perdida. En lugar de desertar, en lugar de la desafección, ha elegido el «no» a la injusticia de Albert Camus: ese movimiento que dice «sí».

Nadando en la ambulancia

Tengo un cuento entre manos. A estas alturas, no sé si es de un realismo neorrealista o de un surrealismo hiperrealista. Si es de terror gótico o de humor deconstructivo. Si es de ciencia-ficción o de un resurgimiento medieval. Lo único que tengo claro es que es la historia de uno de los mayores delirios de Occidente en los últimos años. El de la Ciudad de la Cultura, en el monte Gaiás, en Santiago de Compostela.

Parte del relato es más o menos conocido. El complejo construido en Gaiás ha figurado en el mapa de obras faraónicas y grandes despilfarros propio de una era en la que confluyen el *boom* inmobiliario, el crecimiento especulativo, el apogeo del narcotráfico y una gran metástasis de la corrupción política. Eso que podríamos llamar «la España del capitalismo mágico».

Hay muchos personajes que podrían encarnar esa época. Los hay estilo *El Padrino,* aunque escasos, porque requiere un nivel de prosodia que no alcanza la *escuela* española. Más próximo parece el estilo *Los Soprano,* sobre todo cuando las mafias castizas se ponen estupendas y demuestran, incluso con los cuernos, su amor por la familia. Además del desparpajo delincuente, a la hora de registrar las marcas de lenguaje de lo que fue el *boom* del capitalismo mágico están esos fenómenos expresivos propios del ingenio local, desde un anónimo grafiti como *Nadamos en la ambulancia* al eufemismo de un exconsejero de la Sanidad madrileña, el señor Güemes, que ilustró la confusión entre la política y la plata al presentar los hospitales públicos como «oportunidades de negocio».

Todo lo que ha ocurrido permanece demasiado borroso, fragmentado, sin aparente causalidad. Y por eso, en cualquier momento, con la anfetamina Crecimiento, podemos volver a las mismas estupideces y dejarnos llevar al Callejón Fantástico. Además de la buena literatura, como la de Rafael Chirbes, que limpió de vanidad y banalidad las palabras para poder contar el envés podrido del «capitalismo mágico», hay un ensayo muy útil para detectar lo que hubo de estupefaciente en el discurso oficial del *boom*. Es obra de Luis Elena Delgado y se titula *La nación singular: Fantasías de la normalidad democrática española (1996-2011)*.

La Ciudad de la Cultura de Galicia fue una de esas fantasías. Y tuvo un fantástico propagandista, al servicio de un fantástico presidente ya difunto, Manuel Fraga, que fue quien la promovió con la ambición de dejar una obra inmortal y fantástica. Todo es tan fantástico en esta historia que te desquicia y angustia porque no encuentras por ningún lado el principio de realidad.

El proyecto se inició en 1999 con un presupuesto de 109 millones de euros. Hasta su paralización en 2013, se habían gastado más de 300 millones de euros, el equivalente a todo el gasto social de la Xunta para un año, en una población envejecida y con una abismal caída demográfica. Podemos decir lo que en su momento denunció Joseph Roth de la Galitzia polaca: vivimos en el «lento hundimiento». La parte no construida era la más importante: Teatro de la Música y Centro de Arte Internacional. Según un informe publicado en *La Voz de Galicia,* con lo gastado en Gaiás se podrían haber construido cuarenta y cuatro centros Pompidou, ese incesante centro de vanguardia que en su día diseñaron Renzo Piano y Richard Rogers. El arquitecto de la Ciudad de la Cultura, el estadounidense Peter Eisenman, también es, a su manera, un tipo fantástico. Fraga y su fantástico consejero de Cultura estaban entusiasmados, aunque a todas luces ignorantes de que el hombre elegido era un apasionado deconstructivista. Defensor de una arquitectura del «caos controlado».

En la Ciudad de la Cultura todo parece obra de un caos incontrolado. También el lenguaje lo explica todo. El consejero fantástico, ahora en parajes exóticos, cuando en las recepciones reclamaba otra botella de champaña Moët & Chandon, lo hacía a la voz de «¡Camarero, marchando otra de champú!».

El final es feliz. La Ciudad de la Cultura, con un coste de trescientos millones de euros del erario público, acaba, por fin, de dar a luz una maravillosa creación. Entre las losas de piedra importada de Brasil, con destino al país de la piedra, en las hendiduras, brotan las zarzas. Como un haiku, como una humilde esfera, nace un fruto salvaje.

La Ciudad de la Cultura ha parido en la techumbre un puñado de zarzamoras.

«¿A quién hay que chupársela?»

Lo mejor en los pueblos es su cosecha de humor y, ya puestos, de amor. Entrelazados, humor y amor hacen posible una segunda vida, una historia de la risa frente a la historia amordazada por los que tienen el afán de dominar.

Cierto que hay muchas clases de humor, incluso el malhumor que se presenta como humor, como la risa estúpida del que se mofa del débil al que está pisando el cuello. Para mí, esa risa estremecedora, que cuenta hoy con mucha peña en lo que llaman «redes sociales», debería figurar en el género del terror.

Por el contrario, lo más admirable es el humor que surge desde la adversidad, una chispa que toca la penumbra, y que hace volar el pensamiento, como ese niño de una viñeta de Castelao a quien la madre dice enfadada: «¿Por qué no quieres ir nunca más a la escuela?». Y él responde: «Porque siempre me preguntan lo que no sé».

En esta clave de humor sutil, que germina en lo frágil como una arquitectura de la inteligencia, hay un relato judío, de la tradición *yiddish,* que trata del Gobierno y la relación con la gente del común. En este caso, el poder es un poder fuerte, el poder del zar. Cuenta que el emperador ruso se levantó un día malhumorado y ordenó imponer un nuevo impuesto a los judíos. Envió a un consejero a algunos de los poblados o *shtetls* habitados por hebreos para observar la reacción. El informador volvió con datos muy preocupantes: la gente estaba muy indignada, lo consideraba un abuso. El zar decidió entonces duplicar el impuesto. El consejero volvió a los poblados y regresó con un informe sorprendente. La gente hacía chistes todo el tiempo y se reían del zar insaciable y de los abusos de los mandamases.

El zar, después de pensarlo, reaccionó preocupado: «Si están haciendo chistes, dejemos las cosas como están. No se les va a poder sacar ni un rublo más».

Con lo datos que se van conociendo de la llamada Operación Púnica y la ristra interminable de grandes chorizadas, me volvió a la cabeza esta historia que aparece en un texto de Leonardo Moledo titulado *El rey Lear y el humor judío*.

Creo que en España hemos llegado a la preocupante fase histórica de contar chistes y reírse sin parar.

Con los casos Gürtel, Malaya, Palma Arena, Noos, Ere, Palau, Preferentes, Tarjetas Black, Rato, etcétera, etcétera, nos habíamos situado en la etapa del escándalo y la indignación. El *shock* de la crisis se volvía estupor ante el descarado vuelo de las rapiñas, en un paisaje social de recortes y empobrecimiento. Asistimos al esperpento del *auto de fe* al juez Garzón, para regocijo de corruptos y carcamales. Te quedabas perplejo al ver que algunos cargos políticos imputados en expolios del patrimonio público eran jaleados a la puerta del juzgado. Pero era un espejismo: la mayoría de la gente estaba realmente harta. Al límite. Los discursos se llenaron de promesas de regeneración y transparencia. Pero solo hubo reacción verdadera cuando la gente hizo explotar las encuestas y los estudios de opinión.

Salió a la superficie una realidad oculta: la mayoría social no era indiferente, no aceptaba la suspensión de las conciencias. La mayoría podía valorar positivamente la Transición, pero no que se utilizase como tapadera del conformismo.

Lo que está ocurriendo con la Operación Púnica puede marcar una nueva etapa de la lucha contra la corrupción en España en dos sentidos. Por una parte, ya no es verosímil el discurso oficialista de los «casos aislados», las «ovejas negras» o las «manzanas podridas». Desde la propia justicia, el juez instructor y la fiscalía anticorrupción, se habla explícitamente de «trama organizada» y de «organización criminal» por delitos de blanqueo, contra la Hacienda Pública, falsedad documental y tráfico de influencias.

Por otro lado, se está produciendo la recuperación por parte de la gente de un bien público fundamental que no figura en los cargos contra los corruptos y que es la apropiación del humor.

Sí, los corruptos también nos robaron el humor.

Hay esa conversación de dos de los implicados en la Púnica, un político y un empresario, que debería figurar a partir de ahora en los manuales de Historia Contemporánea. Es una especie de *sketch* que tiene la condición de paradigma.

—¿Qué tal?

—Bien, bueno..., bien.

—Tocándote los huevos y ya está.

—Tocándome los cojones, que para eso me hice diputado.

[...]

—Esto es una putada. Acostumbrado a no trabajar, coño, es una putada.

—Como dice Bony... que repite este, a chupársela a este. ¿Que no repite porque ponen a otro?, pues ¿a quién hay que chupársela? Pues a otro. Vamos a por él. Si es siempre lo mismo.

Ya ven. Se lo pasan bomba. Tenemos que empezar a reírnos todos. No van a ser siempre los mismos.

Quevedo y la ley Mordaza

Una ordenanza de Blythe, condado de Riverside, en California, establece que una persona debe ser propietaria de al menos dos vacas para poder exhibir botas de *cowboy* en público. Esta norma figura como ejemplo en muchos catálogos de leyes estúpidas o absurdas. A mí me parece que tal ley tiene una cierta coherencia interna, como los poemas surrealistas o una greguería de Ramón Gómez de la Serna: «Si vais a la felicidad llevad sombrilla». O como el más extraordinario microrrelato de serie negra, el que figura en *Crímenes ejemplares* de Max Aub, que dice en toda su extensión: «Lo maté porque era de Vinaroz».

En la ley californiana, además de coherencia interna, hay una cierta voluntad de estilo popular. Podría ser motivo de un debate apasionado: «¿Tiene derecho un tipo que en la vida tuvo trato con una vaca a llevar sombrero y botas de *cowboy*?». La ordenanza, en todo caso, es una curiosa ficción jurídica inaplicable, siempre que el *sheriff* no haya sido antes ministro del Interior en España. Que se sepa, la policía nunca ha desalojado un club de música *country* para identificar a los presuntos *cowboys* y exigirles los correspondientes certificados de propiedad vacuna.

En España también hay mucha voluntad de estilo popular, ejercida con especial precisión para bautizar leyes que tratan de la Seguridad. Así, de la ley de la Patada en la Puerta hemos pasado a la ley Mordaza, lo que demuestra una vez más que la Cultura de la Transición, además de modélica, ha sido muy fructífera en la producción de eufemismos y disfemismos. Son demasiados años, siglos, en el potro de la tortura histórica, y la memoria tiene esa prevención de identificar el autoritarismo de la autoridad.

Hay cuestiones de mucho fondo, abismales, en la ley de Seguridad que se dirimirán en el Tribunal Constitucional y también en el de Derechos Humanos de la ONU. Pero hay algunas otras que deberían ser revisadas por lo que queda de la Internacional Surrealista y el *sheriff* de Blythe: aquí hay un *cowboy* sin vacas. La histórica ley que nos va a hacer peligrosamente seguros contempla, por ejemplo, sanciones de hasta seiscientos euros por «deslucir el mobiliario urbano». No se trata, en este caso, de combatir el vandalismo, con la destrucción o ruptura de bienes públicos. Es una sanción estética. Un pronunciamiento artístico. Una *perfomance* policial.

La autoridad lingüística, el DRAE, define así *deslucir:* «Quitar la gracia, atractivo o lustre a algo». ¿Qué relación tiene el «quitar la gracia» al mobiliario urbano con la seguridad ciudadana? Los grupos humanitarios más activos, como Cáritas, consideran que se trata de una norma incluida adrede para expulsar a la gente sin casa de los bancos de jardines y plazas. Privar de un asiento público a los pobres, a los vagabundos, a los destartalados por la vida, o simplemente a quienes tengan un aspecto que el agente de turno, ejerciendo de comisario artístico, o de dictador del gusto, decida que esa presencia «desluce» el lugar de descanso.

¿Qué cráneo privilegiado introdujo esa disposición? ¿Quién será el lucido que medirá el deslucir? ¿Llevarán los agentes un Manual de Deslucimiento? Hay mobiliario urbano, mucho, que es un deslucimiento en sí mismo. La arquitectura antihomeless. Solo su visión convertiría a Walter Gropius, el genio de la Bauhaus, cuna del diseño, en un vándalo justiciero. En ese mobiliario, tan costoso como incómodo y estéticamente miserable, lo único bello, lo único sublime, lo único que merece la pena es esa anciana que lleva consigo todo lo que tiene y que, por un momento, como una reina, hace útil, le da lustre a ese desastre de banco de descanso diseñado para hacer imposible el descanso.

Alguien debería explicarle a las autoridades gubernativas que un banco donde sentarse o echar un sueño es la única patria que tiene mucha gente. No lo desluce. Ese banco es como el barco de los argonautas de Jasón: madera que habla.

¿Deslucimiento? Bien pensado, creo que la ley debería ampliarse. Extenderse a todos los ámbitos de la vida pública. Elevar las multas por «deslucir». Sancionar a los que deslucen la urbe entera, la comunidad, la nación, la patria, la humanidad, el medio ambiente. A esa industria de feísmo criminal que es la corrupción. A los que deslucen las leyes democráticas, llenándolas de zonas oscuras.

Pero no fue pensando en eso por lo que se hizo la ley Mordaza. Se hizo para callarnos. «No he de callar por más que con el dedo silencio avises o amenaces miedo». Eso, de entrada, le costaría a Quevedo una multa gubernativa por desobediencia. Dice Quevedo que no está de acuerdo. ¡Ah, pues otra por resistencia a la autoridad!

Lo urgente es esperar

Aunque lo parezca, esto que escribo ahora no trata de política. Trata de Mariano Rajoy.

Hay muy poca elaboración teórica sobre el *marianismo*. Es verdad que el *marianismo rajoycista* carece de un corpus doctrinal, y ni siquiera existe una edición de sus discursos, una compilación de artículos o una biografía a fondo. A su lado, las obras completas de José María Aznar alcanzan dimensiones inmobiliarias. De vez en cuando, se publican como ruinas inéditas los impetuosos artículos de un joven Mariano influido por las ideas supremacistas y tecnocarcas del padrino político Fernández de la Mora, que vislumbró el crepúsculo de las ideologías desde el puente de Rande, en la ría de Vigo.

Pero aquellas tempranas incursiones en el pensamiento peligroso quedaron como pecios elitistas en el lodo de la historia. Mariano no iba a ser el nuevo Donoso Cortés de la reacción española, ni un discípulo del jurista del Tercer Reich, Carl Schmitt, jaleado y condecorado en la España franquista de los años sesenta. Pudo ir por ese camino, otros lo intentaron. Fundamentar el poder, y más si es autoritario, requiere una perpetua obstinación malhumorada. Pero Mariano tuvo la lucidez de dejar de escribir futurismos cavernícolas. Dio un paso adelante y calló. Se hizo casi ágrafo. Y ahí empezó el *marianismo*.

Mariano estudiaba Derecho en Santiago cuando la universidad gallega vivía con adelanto el Mayo Francés. El buen juez y poeta Bouza Brey abordó un día a un estudiante compañero de su hijo, Fermín, que simpatizaba con el maoísmo, y le preguntó compungido: «¿Podría explicarme por qué mi hijo es *prochino*?». El padre de Rajoy, también juez, no necesitaba hacer ese tipo de preguntas. Mariano militaba a tiempo completo en el *marianismo*. En su formación política fue decisiva la prensa deportiva. No es una banalidad. En el fútbol se pone en juego la teoría y la praxis, la táctica y la estrategia. También es un escenario de lucha por la hegemonía y el poder. Había un jugador en el Deportivo, Chacho, hábil con el balón en los pies, pero al que el público abucheaba por su pereza. Una vez quedó inmóvil en el centro del campo. Tremenda bronca. Y Chacho que se vuelve al público: «¡El que tiene que correr es el balón, no el futbolista!». ¿No es eso el *marianismo*? También es *prochino,* pero en la línea Lao-Tse de Pío Cabanillas: «Lo urgente ahora es esperar».

El movimiento más característico de Rajoy consiste en la espera. En la sustentación. En un estudio sobre las leyes físicas que operaron en el histórico gol del chileno Leonel, en 1962, que dejó pasmado al gran portero ruso Yashin y al mundo entero por la insólita trayectoria del balón, los físicos Edelstein y Gomberoff explican: «Cuando la pelota gira sobre sí misma en vuelo, su trayectoria se curva en la misma dirección de su espín». El espín de Rajoy va en sentido contrario a las agujas del reloj. Pero lo asombroso del gol de Leonel es que culminó con una inesperada *folha seca,* un invento del jugador brasileño Didí que consiste en chutar con tal efecto que el balón frenará en el aire y caerá como una hoja seca.

Los que lo facturaron como timorato (el *Maricomplejines* de Jiménez Losantos) estarán perplejos con la estela de ilustres caídos por el efecto *folha seca* del balón de Rajoy: desde el cardenal Rouco Varela a Esperanza Aguirre, Grande de España. El esférico ha alcanzado lo que parecía intocable: la última *folha seca* es Aznar, caído con todo el tanque del pensamiento. Aunque a Aznar siempre le queda la espada del Cid.

Entre los apuntes más lúcidos sobre el enigma de Rajoy se puede encontrar el blog *Derecho de Galicia,* donde Jacques Millot escribe: «Conocí a Mariano Rajoy todo lo bien que es posible conocer a alguien, pero, por otra parte, no sabía nada en absoluto acerca de él». Hay muchos que suplen esa ignorancia con un recurso fácil: Rajoy como «gallego». Rosa Díez llegó a decir: «Gallego, en el sentido más despectivo de la palabra». Otra hoja seca.

En la larga espera, consiguió que la oposición de izquierdas se autolesionase. O que aparezca fragmentada de tal manera que nos recuerda lo que decía Onetti de un personaje: «Pertenecía a uno de los quince grupos trotskistas de Santa Fe». La corrupción es ya una metástasis en el cuerpo de su partido, pero a Rajoy, en los momentos críticos, se le pone cara de antropólogo inocente sorprendido por la existencia de caníbales en la calle Génova.

Lo mejor que se podría decir del presidente del Gobierno español, Mariano Rajoy, es la cualidad que le atribuye Philip Roth a uno de sus personajes en *La conjura de América*: «No hay nada para lo que W. W. tenga más talento que para ser él mismo». Y la prueba es que ningún cómico ha conseguido hasta ahora la naturalidad con que Rajoy imita a Rajoy. Podría intentar parecerse a Harold Mcmillan, el premier conservador británico que gobernó con acierto años de bienestar, los «alegres» sesenta, con mano tendida a la oposición y los sindicatos. Su lema era: «La reflexión calmada y tranquila desenreda todos los nudos». Y ahí, a la hora de desenredar los nudos, se desvanece todo el parecido.

Va camino de librarse de cualquier responsabilidad política en la corrupción del partido que dirige, aunque parece más que demostrado que ha sido electo en ese tipo de campañas que denominan «dopadas», con ayuda de dinero negro, y un magistrado ha definido como propia de «organización criminal» esa manera de obtener fondos empresariales a cargo de favores en las concesiones públicas. Lo más increíble: ha convencido a todos, adversarios principales incluidos, de que unas nuevas elecciones serían una catástrofe para España. Curiosa democracia en la que las urnas son invocadas para meter miedo.

¡VIVA EL PERIODISMO, CABRONES!

El periodismo espectral

El periodismo está vivo y por eso lo matan. Por eso han asesinado a Javier Valdez Cárdenas, en Cualiacán, México, poco después de salir del semanario *Ríodoce,* con su habitual despedida: «Que Dios me bendiga». Su compañero Óscar le respondió: «Y que además te agarre confesado». Conversaciones de irónico exconjuro que se hacen costumbre cuando cada día vives en un llano en llamas. El último libro de Javier Valdez se titula *Narcoperiodismo.* Lo leí de un tirón, una noche, en Guadalajara. Ahora sé que escribía con técnica espectral. Que cuando vea un texto sobre el crimen, la impunidad y el poder en México, o en cualquier otro lado, habrá información esencial, espectral, de Javier en los espacios en blanco. Las revistas *Proceso* y *Ríodoce* publicaron un reportaje estremecedor sobre las últimas horas de su compañero: «El día que nos rompieron el corazón». Solo en el año 2017 han sido asesinados doce periodistas en México. Y desde el 2000, 105 voces silenciadas, asesinadas, y a veces previa tortura, por haber tenido el coraje de mover el silencio. Sí, nos rompieron el corazón, pero no acabarán con el periodismo, cabrones.

El explorador y misionero escocés David Livingstone, el primer europeo que recorrió África de costa a costa, es recordado en la historia convencional por una frase que ni siquiera pronunció. La del reportero Stanley, cuando lo encontró después de una búsqueda de ocho meses: «El doctor Livingstone, supongo». Pero Livingstone debe figurar en un lugar de honor dentro del periodismo entendido como un activismo contra la indiferencia. El 15 de julio de 1851, en Nyangwe (Congo), fue testigo de un horror más allá del horror. La masacre de la población por parte de tratantes de esclavos. Escondido, Livingstone no tenía papel ni tinta. Arrancó una página de un viejo ejemplar del *London Evening Standard* y escribió con zumo de baya una de las crónicas más punzantes de la historia del periodismo. En un libro excepcional, *Exploradores: Cuadernos de viaje y aventura* (publicado en geoPlaneta), aparece reproducido el original y la imagen espectral que permite descifrarlo. Me asombra lo natural que resulta a la mirada. En la dictadura fuimos adiestrados para leer entre líneas y tal vez nuestro mejor periodismo sigue siendo espectral.

El biólogo Daniel Pauly acuñó en 1995 el concepto «estándares base cambiantes» *(shifting baseslines),* modificaciones de apariencia lenta en un ecosistema, que él utilizó para alertar sobre los niveles de tolerancia en los procesos de degradación en la naturaleza. Lo que viene a decir es tremendo: estamos ciegos ante lo que está pasando, porque nuestros estándares de medición también se han degradado. Nuestro medio ambiente se va llenando de desapariciones. La destrucción se acelera por la falta de una *memoria histórica* ecológica. Sin memoria, ya no somos fiables ni para los zarapitos. Necesitamos también una memoria espectral.

De los zarapitos y de los estándares de la memoria ecológica habla Kyo Maclear en *Los pájaros, el arte y la vida.* Este libro es como una redoma donde vuela y se agita la terrible belleza del mundo. En el cielo de Mimico (Toronto) todavía pueden verse las maravillosas columnas de zarapitos. Kyo se pregunta por cuánto tiempo y hace bien. No ha inutilizado su memoria para despreocuparse. No. Sabe que de este mismo cielo, y de todos, desapareció hace tan solo un siglo la paloma pasajera *(Ectoplistes migratorius)*. Estas palomas salvajes eran tan abundantes en 1860 que se veían bandadas de millones de ejemplares y un cazador podía matar diez aves de un solo tiro: «Cincuenta años más tarde la especie había desaparecido».

Gonzalo, 78 años, se quedó sordo por causa de una meningitis a los cuatro años de edad. No recuerda nada de su tiempo de oyente. Ningún sonido. Vivía en una ciudad marina, al lado de un antiguo matadero. Sobre las cinco de la mañana, comenzaba la matanza industrial de reses. Un amigo y vecino le explicó un día con signos desesperados que había tenido suerte. Tú puedes dormir, venía a decir. No te imaginas lo que es despertar todas las noches con los bramidos agónicos de las vacas. Gonzalo no oía los lamentos, pero al día siguiente veía el mar teñido de sangre, la aflicción de las olas por la espesura del dolor. Con los ojos podía oír los lamentos de los espectros animales.

«El aburrimiento es inmoral», escribió el oceanógrafo William Beebe. Y se sumergió a mil metros de profundidad. Con una mirada espectral.

El periodismo vive una crisis existencial. Se han degradado los estándares de medición de la realidad. La prensa, en el mejor de los casos, es percibida por las generaciones jóvenes como una tradición espectral, con ejemplares que todavía vuelan en un convulso proceso de extinción. Pero lo nuevo, con la superstición del «solucionismo tecnológico», y pese a la saturación de efectos, no es menos espectral: no ejerce la escucha, que es la principal herramienta del periodismo. En vez de «producir tiempo», el periodismo parece arrastrado por el tiempo. Pero hay un momento en que todas las disquisiciones quedan a un lado. Alguien ha movido el silencio, el secretismo que ampara los actos de depredación. Alguien ha contado una historia que desequilibra al poder. Un papel, un micrófono, una cámara, ciertas palabras que vuelven a nacer, el activismo de un escrúpulo y una pasión modesta, mal pagada, pero irresistible.

He ahí el espectro del periodismo que emerge siempre, a contracorriente, cuando ya no se le espera. Por eso lo matan.

Locos con un periódico debajo del brazo

Hay miles de personas, cientos de miles, millones, que cada día, casi siempre por la mañana, y muchas veces con el alba, toman en el mundo una decisión épica y libre. Comprar un periódico en papel. Tal vez usted es uno de esos seres extravagantes, valientes y melancólicos. Le felicito, le doy el pésame y le acompaño en el sentimiento. Es usted un activista, consciente o inconsciente, que lucha contra el Apocalipsis, que se enfrenta al destino, como los héroes griegos.

La desaparición de la prensa, de los diarios en papel, y de revistas, hebdomadarios y magazines, se presenta ya como algo más real que una profecía. Es una extinción en marcha. Para la mayoría de los expertos, pertenece al orden de los fenómenos que obedecen a lo que se denomina el Shock de lo Inevitable, un desencadenamiento de hechos que conducen a una consecuencia irremediable, justificada o no. En la profesión periodística, con la excepción de tribus o muy paleolíticas o muy vanguardistas, ya nadie discute esa defunción.

Estamos en vísperas de velatorio en la capilla ardiente. Puede oírse el ensayo de un réquiem que anuncia el silencio de las rotativas. Puede tardar un par de años, un lustro o dos. Depende del ímpetu profético.

Si en vez de en hojas de árboles pensamos en hojas de periódico, qué contemporáneo suena el irónico verso del portugués Antonio Nobre: «¡Caed, hojas, caed, tumbar melancolías!».

Y, sin embargo, qué significan, por ejemplo, en España, esos miles, decenas de miles, cientos de miles de personas que se obstinan en ese activismo de acercarse a un quiosco o a un lugar donde se despachan periódicos, lo compran (uno, y a veces varios), lo llevan debajo del brazo, con lo que eso tiene de signo personal, y le dedican tiempo, su tiempo, a leerlo. Todo eso supone un gasto o una inversión, según se mire. El comprarlo, el llevarlo debajo del brazo, el tiempo de leerlo. La confianza de meterlo en casa, de ofrecerle un lugar visible, de acogerlo. ¿De dónde sale esa gente? ¿Por qué va contracorriente? ¿Por qué no se rinde? ¿Qué les pasa? ¿Qué toman?

Podría pensarse que en esta multitud resistente abundan los que no tienen acceso a Internet o son alérgicos a la tecnología digital. Lo sorprendente es que una gran parte de esos argonautas que se aventuran a la búsqueda cada vez más dificultosa de un quiosco no son analfabetos digitales. Es más, hay personas que trabajan con los cacharros de la nueva economía, jornaleros de la pantalla, que picotean noticias en el quiosco global, y que necesitan en algún momento del día una dosis táctil de sensibilidad tipográfica.

Las vanguardias artísticas, como los cubistas, integraron recortes de periódicos en sus obras como el injerto de una nueva naturaleza. Hoy vemos esas piezas a la manera de un bodegón del viejo realismo. Sí, el periódico acaba siendo más antiguo que el pescado que envolvía. Llega un momento en que esa materialidad nostálgica parece su única defensa. Uno de los argumentos más consistentes para defender la prensa me lo dio hace poco un motorista: «No hay nada como un periódico pegado a la piel para mantener a raya el viento helado». Hasta el peor periódico, en ese sentido, es un buen periódico: una naturaleza primitiva que nace cada día. Un anacronismo sentimental, un presente recordado. En la psicogeografía *smart* y *on-line,* resulta asombroso el espectáculo de esos extraños viajeros del tiempo que todavía despliegan esos fósiles de papel en un tren o en una cafetería.

Hay quien presenta el hundimiento de la estirpe de los Gutenberg y Minerva como un avance para el medio ambiente. Pero no son los periódicos la causa de la deforestación de los bosques amazónicos ni de los pulmones verdes del planeta. El uso de corchos artificiales ha sido nefasto para la supervivencia de los alcornoques. Las mejores publicaciones impresas utilizan hoy papel ecológico. Es un elemento de identidad. Influye en la estética, en el diseño, y alimenta la mirada táctil de una nueva tribu que reivindica el biblioerotismo, lo que Clarice Lispector nombró en un relato inolvidable: la «felicidad clandestina».

Asistimos a una gran revolución tecnológica, que impulsa transformaciones positivas, pero que también puede cavar grandes fosas de marginación y nuevos monstruos autoritarios y estupefacientes si no se administra con esa forma elegante de inteligencia que es la igualdad. Parece que vamos en sentido contrario: la alianza de esas nuevas maquinarias de poder y control de las mentes aliadas con los viejos imperios. Pero habrá resistencia. La experiencia ilustrada de la galaxia Gutenberg no va a naufragar dramáticamente como la *Balsa de la*

Medusa. Tal vez los miles, cientos de miles, millones de personas que cada día abren un periódico o un libro en papel no formen parte de una reserva en extinción. Yo, al contrario, los veo como adolescentes que disfrutan de un primer amor. Son el club de la Felicidad Clandestina.

Salvar la cara, salvar el culo

Por el caso Gürtel, Mariano Rajoy puso mucho empeño en que su declaración ante la Audiencia no fuese presencial. El presidente respondía así a un reflejo clásico: lo importante es salvar la cara. Y esto nos lleva a una conversación que mantuvo el presidente de Estados Unidos Lyndon Johnson en un momento muy delicado de su mandato.

Tras el incidente del golfo de Tonkín, en 1964, el presidente Johnson había obtenido el apoyo del Congreso para incrementar en grandes contingentes y armamento la intervención en Vietnam. Hasta entonces había unos 50.000 hombres en calidad de «asesores» del Gobierno aliado sudvietnamita. La disculpa de Tonkín llevaría a una escalada brutal, hasta alcanzar una presencia militar estadounidense de medio millón de soldados.

Lo increíble, y así se hace y deshace la historia, es que el «incidente» que justificó esa escalada, un presunto ataque del Vietcong a navíos americanos, había sido en realidad lo que en términos bélicos se denomina «operación de falsa bandera». Es decir, no hubo tal ataque. Se supo cuando la prensa realmente libre publicó en 1971 los Papeles del Pentágono, conocidos también como Papeles Mcnamara. Aquel «incidente» del golfo de Tonkín había sido un montaje de los servicios secretos para justificar el despliegue bélico. Aunque los propios servicios sabían que era «una guerra perdida». Pero eso es otra historia.

Estábamos con la cara. La cara de Johnson.

La prensa independiente, en especial *The New York Times,* que en principio había respaldado al presidente, empezó a sospechar que detrás de la gran escalada había una gran mentira. Este diario publicó un editorial con el título «El misterio del golfo de Tonkín», en el que criticaba el «secretismo de la burocracia» estatal. Johnson decidió llamar a la Casa Blanca a un editorialista muy influyente, James *Scotty* Reston. Un mito del periodismo americano del siglo XX, dos veces premio Pulitzer y autor de un generoso libro de memorias, *Deadline.*

Es ahí donde se cuenta la estrategia de seducción desarrollada por Lyndon Johnson, un astuto simpático (Nixon, su sucesor, sería el astuto antipático), que inspiró la figura de Frank Underwood, el personaje que encarnó Kevin Spacey en la serie *House of Cards.* La pretensión de Johnson en aquel encuentro de 1965 era atraer a sus posiciones al prestigioso Scotty Reston, ocultándole información básica. Pero Scotty no picó el anzuelo.

—Creo que está usted intentando salvar la cara —le dijo al fin.

El presidente se removió en el propio ego, que es un buen lugar para sentarse, y dio por terminada la conversación, no sin antes responder con una frase que vale por todos los miles de tuits de Trump:

—No estoy intentado salvar la cara. Estoy intentando salvar el culo.

Tenemos una versión castiza y, más o menos, por la misma época.

Los protagonistas fueron Manuel Fraga, cuando era ministro de Información, y Pío Cabanillas, subsecretario en el ministerio. Es una historia que alguien intentó desmentir, pero que me llegó de muy buena fuente. El caso es que ambos habían quedado para inaugurar un teleclub en Cambados. Era verano, hacía mucho calor. Y ellos eran más que puntuales. Se presentaron una hora antes en el lugar, y Cabanillas sugirió darse un chapuzón. No tenían bañador y buscaron una playa sin gente, mientras vigilaban el chófer y el escolta. Nadaban felices como cetáceos, cuando se escuchó una alegre algarabía. Era una excursión del distinguido colegio femenino de Placeres (Marín). Fraga y Cabanillas salieron corriendo hacia el auto. El ministro tapaba con las manos los atributos del macho, pero fue entonces cuando Pío le gritó: «¡La cara, Manolo, la cara!».

Había mucha confianza entre ellos, pero encarnaban dos talantes que con el tiempo derivarían en dos tendencias de la derecha española. La de por mis huevos y la de por mi cara. La autoritaria y la liberal. O como dice un amigo arqueólogo, la Neandertal y la Sapiens. Defenestrado Suárez, ya sabemos quién se impuso.

Tenemos ahí un factor morfopsicólogico que parece fundamental en política y en momentos de apuro. También lo es para el periodismo. Podemos llamarlo el *dilema de Johnson*. ¿Debemos aceptar ese dilema cuando un mandatario está en crisis y elegir entre salvarle la cara o el culo?

Scotty Reston se largó. No aceptó el falso dilema. No salvó nada. Su trabajo era apostar la cabeza por la verdad.

Cuando los sapos tienen razón

En una de sus escasas comparecencias no propagandísticas, el presidente del Gobierno español confesó que no se deleitaba en leer informaciones o comentarios en los que era sometido a la crítica. No obstante, Mariano Rajoy declaraba que se consideraba «razonablemente bien informado» y desmentía que su única lectura periodística a fondo fuese la de un diario deportivo. Fue el propio presidente quien desveló en el pasado que a la hora del desayuno tenía que disputar con su hijo mayor la supremacía por leer el *Marca*.

Quizás su intención al contarlo era establecer una cercanía, ese consejo envenenado que reciben los políticos para mejorar su imagen, el transmitir *familiaridad*. Somos lo que leemos y en esa imagen de la pelea matutina por el *Marca* hay una indudable comicidad conservadora. Es posible que, a la misma hora, José María Aznar, sin que nadie le dispute la primacía, esté leyendo al comentarista James Taranto, un primer espada en *The Wall Street Journal,* y que ha marcado paquete con artículos del tipo «*Generalísimo Francisco Franco Is Still Dead – But for some not dead enough*» («Franco está todavía muerto, pero no lo suficiente para algunos»). Una tesis irónica que no deja de tener su gracia, si le damos la vuelta a la ironía.

Por ahora no sería verosímil ver desayunar a Rajoy leyendo a James Taranto, en *The Wall Street Journal,* y mucho menos echando una ojeada al *Financial Times,* donde le aconsejan una revolución del sentido común para dialogar en Catalunya. Lo imprevisible es lo que lleva a un *trending topic,* y Mariano Rajoy podría conseguirlo si aparece una mañana escudriñando el *Sport* de Barcelona, o incluso con *La Vanguardia* y el *Ara* bajo el brazo. Pero me da la impresión de que se sentiría igual de incómodo que con *El Viejo Topo* o *El Salto.*

Los que escriben críticamente sobre la gestión gubernamental ya saben que no son leídos por un presidente que no lee ni escucha críticas en los espacios informativos más independientes. Hay medios muy amables con el Gobierno, y comentaristas que puede leer con puro y confort. Pero incluso esos aplauden despacio, con cierta desgana, porque intuyen que Rajoy tampoco los consume. Estos, los despechados, serán los primeros en irle a la yugular el día del churrasco final.

Es preocupante un presidente que no lee críticas. Debería ser una exigencia profesional. Hay que tragarse los sapos, sobre todo si los sapos tienen razón. E incluso hay críticas muy deportivas, que ayudan a mantenerse en forma. Ha habido varios ejemplos recientes de que el Gobierno puede acertar cuando rectifica, aunque sea a regañadientes. «Cambio climático habrá, pero no vea usted cómo nieva en la AP-6». Cuando la sordera del poder es total, enseguida hace acto de presencia la desinteligencia.

Puede resultar preocupante un presidente desatento a las críticas o a las informaciones que reflejan una realidad indócil con el discurso oficial, pero es mucho más inquietante el proceso de conversión de los medios públicos estatales en terminales gubernativas. El presidente afirma que está «razonablemente bien informado». La información que recibe la sociedad española de los medios de titularidad estatal ni es razonable ni es buena. Ni siquiera en información. En los telediarios, estamos en la fase paleolítica de la Transición. Hay demasiadas averías en que nuestro estado de cosas se parece al malvado *bolivarismo,* que es como el Joker, el enemigo de Batman, en nuestras pantallas. Y una de esas averías es esa deglución sectaria, extremista, de los medios públicos, donde solo falta que aparezcan de contertulios Donoso Cortés, Ramiro de Maeztu y Sor Patrocinio. El periodismo, si no es estupefaciente, es una forma de activismo que se rebela contra la suspensión de las conciencias y la sustracción de ese bien democrático básico que es la información, empezando por la que más escuece.

Si al presidente no le gustan las críticas, el ejercicio crítico es la hemoglobina del periodismo y la libertad de expresión. Claro que la historia tiene mucho de *thriller* y el James Taranto de Rajoy va a resultar Aznar. Los comunicados de la FAES, la fundación que preside, la más potente del pensamiento conservador, con pretensiones de expansión de España a América Latina, han sonado en los últimos tiempos como las campanadas que marcan los asaltos de un combate. En el laboratorio de ideas trabaja el espíritu de Macbeth. Y Rajoy ya podrá empezar a distinguir el verdadero periodismo crítico, que no pretende dominar, de la daga insaciable de los adictos al poder.

La boca peligrosa de besar

No hay nada que merezca la pena hasta que no veas que se aproxima y ronda a eso que deseas el peligroso adjetivo «peligroso». Es un adjetivo que pone en vilo a los sustantivos y desequilibra a los verbos.

En el *Manifiesto incierto* de Frédéric Pajak, un libro bien peligroso, que inaugura un nuevo género donde el pensamiento narra y dibuja, se reproduce la imagen perturbadora que el escritor William Faulkner tenía de la ciencia: esa «boca peligrosa de besar».

Al leerlo, los ojos, claro, se olvidan de la ciencia, hacen un alto en la lectura, y se quedan con la boca. Esa boca inconfundible. Adolescente y eterna. La primera boca que de verdad deseaste besar. Ese lugar que te parecía inaccesible. Que merodeabas con la mirada vagabunda, la que disimula su obsesión. Estábamos allí, en el instituto, para aprender. Y de repente, todo lo que necesitabas saber estaba en esa boca. Lo clásico y lo moderno. La ecuación y el enigma. El concepto y la cosa en sí.

La boca peligrosa de besar lo contenía todo. La Historia. La Geografía. El Francés. Incluso la Religión. Había que saberse esas cosas: «Contra la pereza, diligencia». ¡Qué bien sonaba «diligencia» en la boca peligrosa de besar! Parecía una consigna de la Teología de la Liberación. En realidad, lo que más contenía esa boca era aquello que nos era prohibido o sustraído. La sonrisa de esa boca era un gesto insurgente.

Todos los besos de la literatura, del cine, del arte, de la música, te parecían simples ensayos del gran beso que un día te darías con la boca peligrosa de besar, en aquel tiempo trastornado donde el besar era un acto furtivo. Allí estaba la *saudade* de futuro de todos los besos. Si Alejandra Pizarnik cuenta como un día de 1963, ¡en Santiago!, encontró el «centro exacto del abandono», justo lo contrario sería la boca peligrosa de besar, el centro exacto del rescate. Ese «cierto punto» que enloquecía a los surrealistas y donde lo comunicable y lo incomunicable dejarían de ser percibidos como contradictorios.

Cada vez estaba más cerca. Eso te parecía.

La vida dio un giro inesperado. Querías ser periodista, escritor, y alguien te abrió la puerta de un diario. Eras un chico de recados, un meritorio nomás. Pero ejercías cada noche el derecho a soñar. Siempre eras de los últimos en irte, con el periódico bajo el brazo. Oías en el sótano el arranque de la rotativa, la vibración del suelo, y era como sentir en las tripas la pulsación de una Fender Stratocaster. El periodismo era, sí, un cuento apasionante. Y allí encontraste, de verdad, la boca peligrosa de besar.

Volví a pensar en esa imagen, en la boca peligrosa de besar, durante un encuentro en Buenos Aires sobre la crisis del periodismo y sus alternativas. Habría que decirlo en plural: las crisis del periodismo. Hay crisis en muchos campos, pero parece que el periodismo las convoca todas. Hay días en que parece el «centro exacto del abandono», y que la crisis es principalmente existencial, autodestructiva, y no solo tiene su causa en la incertidumbre tecnológica y la zozobra económica.

Al contrario de lo que enunció Kapuscinski («Este oficio no es para cínicos») tienes la impresión de que el cinismo toma posiciones e incluso es considerado una cualidad. Es una actitud que también impera en la política. En las encuestas de opinión en España queda situado en muy mal lugar el papel que hoy representan los periodistas. Pero, al mismo tiempo, la gente considera cada vez más necesario el periodismo entendido como el lugar de los porqués, un centro de rescate de la verdad. Al igual que las zonas sensibles que detectan los peligros para la naturaleza, el periodismo, en sus mejores momentos, es ese espacio ecológico que preserva el medio ambiente democrático. De ahí su fuerza y también su vulnerabilidad.

El periodismo vive y sufre su propio «cambio climático». Con sus metamorfosis, saldrá adelante porque es necesario. Imprescindible. En ese encuentro en Buenos Aires, en la sede de *Anfibia,* una experiencia alternativa vinculada a la Universidad de San Martín, coincidíamos en que, frente a las sobreabundantes dosis cínicas, el periodismo exige un activismo del deseo. Alguien añadió: «y un cierto peligro».

Otra vez la boca peligrosa de besar.

¿QUÉ FUTURO DEJAREMOS A NUESTROS ANTEPASADOS?

¿No estáis hartos de «memoria histórica»?

Sí, hay gente que dice que ya es demasiada «memoria histórica». Que ya basta de mirar hacia atrás. Hay que olvidar. Conviene vivir el presente. Gozar de nuestro tiempo. El de los Reyes Católicos.

Con esta buena intención visité en Toledo la que algunos medios destacaron como la gran exposición histórica de los últimos tiempos. En concreto, la que el medio de comunicación público más importante, la RTVE, la Real Televisión Española, presentó como «dedicada al más influyente católico de la historia de España». ¿Quién? El cardenal Cisneros.

Como ven, estoy en la onda, en la vanguardia. El cardenal Cisneros fue confesor de la reina Isabel la Católica y tuvo, entre otros modestos empleos, el de Inquisidor General. Entusiasmado con estos antecedentes, entré a la catedral de Toledo para ponerme al tanto de las novedades.

Y he ahí que en el panel de entrada encuentro en grandes caracteres este ejemplo bien pulido, sobresaliente, de histórica memoria: «De la larga historia de España todo el mundo coincide en destacar el reinado de los Reyes Católicos como el más fructífero y el que es recibido con mayor simpatía y entusiasmo».

Y allí fui, incorporado a una multitud simpática y entusiasmada.

El título de la exposición no se anda con miramientos y equidistancias. Se ve que no son acomplejados ni tímidos quienes trazaron esta muestra de colosal memoria histórica. Para eso se hicieron las palabras mayores:

Cisneros:
Arquetipo de Virtudes,
Espejo de Prelados.

Reclamo que completa, a manera de subtítulo, una cita elogiosa en francés, que siempre estiliza el elogio, como bien sabemos por los anuncios de perfumes: «*Il y a tant d'hommes en vous! Le franciscain, le cardinal, le lettre, l'homme d'État, le Capitaine*».

¿No es extraordinario? Un discípulo de Francisco de Asís ejerciendo de cardenal, de político más poderoso de su tiempo y de campante hombre de armas. Y en ese Arquetipo de Virtudes, ¿qué es lo que nos dice la memoria histórica sobre su preferencia?

En *La floresta española de apotegmas y sentencias,* de 1574, escribe Melchor de Santa Cruz: «Él, saliendo a ver un alarde que se hacía en Madrid, fuera de la puerta de los Moros, hiciéronle salvas los arcabuceros cuando le vieron venir. Y como se levantó mucho humo, un caballero que iba cerca dél le dijo: "Apártese vuestra señoría deste humo, que hiede, y es muy dañoso". Respondió que no le hacía caso, que mejor le olía que el incienso».

Había visto destacado en algunas informaciones que en la exposición figuraba el original del decreto de la expulsión de gente de origen hebreo. Algo tenía de anzuelo, ya que después, en el recorrido, este documento tan relevante aparecía esquinado en una vitrina como si fuese una simple comunicación de desahucio. Esto que digo no es una maldad, pues varios comentarios en la exposición daban a entender que el decreto de expulsión había sido más bien un acto piadoso de los Reyes Católicos. Lo que vienen a decir: Y pudiendo aplastarlos, los dejaron ir. Eso sí, desposeídos de cuanto tuviesen de valor.

El decreto de expulsión de los judíos, firmado el 31 de marzo de 1492, está, como dije, más bien disimulado, cuando debería ser un elemento central en la exposición. Los «hombres de Estado» que lo redactaron, con el beneplácito de los reyes, los mismos que incumplieron los acuerdos de rendición de Granada ese mismo año, eran conscientes de que estaban poniendo en marcha una maquinaria de poder nunca antes experimentada a esa escala, donde la burocracia inquisitorial tendría un rol decisivo. Un Estado hecho con la aleación de la espada y la cruz hasta la última alma, y a las generaciones pasadas y futuras. Incluso los conversos, por más pruebas de fe que diesen, deberían llevar el sambenito por siete generaciones.

Veo el edicto tras el vidrio, intento leer, recuerdo el tremendo aforismo de Gustav Janouch: «Las cadenas de atormentada humanidad están hechas de papel de oficina». Al lado, en gran tamaño, hay una estampa del Santo Inocente Niño de La Guardia, esa *fake news,* esa gran mentira tramada en las oficinas del Santo Oficio, la de la supuesta crucifixión por judíos de un niño cristiano, a quien le arrancarían también el corazón, y que dio pie a la campaña antisemita que creó la atmosfera de odio favorable a la expulsión.

Aunque los *progroms* venían de antes, este fue un modelo propagandístico que inspiró las campañas xenófobas y antisemitas. Los nazis aprendieron mucho de esa España del Santo Oficio, y ahí estaba Carl Schmitt, el jurista principal del régimen de Hitler, que acabaría refugiándose en Compostela con la complicidad del franquismo, poniéndolo por escrito, al igual que declaró su admiración por el protofascista *Discurso sobre la dictadura* (1849) de Donoso Cortés.

Victor Klemperer, filólogo autor de la extraordinaria pesquisa que es *LTI. La lengua del Tercer Reich,* dejó testimonio claro de cómo la usurpación de sentido y el expolio del lenguaje es parte fundamental en la construcción del totalitarismo. El del Santo Inocente Niño de La Guardia fue un absoluto montaje, que se mantendría durante siglos con los resortes de lo que hoy llamaríamos «violencia mediática», y al que se prestaron gustosas grandes figuras literarias como Lope de Vega.

El Santo Inocente Niño de La Guardia sigue teniendo su santuario, con procesión y romería, no lejos de donde fueron torturados y ejecutados en auto de fe los pobres judíos acusados de un crimen inexistente, ellos sí inocentes.

Antes de salir de la catedral primada, leo en una última placa en mármol colocada con ocasión de la misa celebrada el 28 de mayo de 1990, en memoria del III Concilio de Toledo, el de la «unidad católica», ceremonia a la que asistió el rey Juan Carlos I, una dedicatoria que dice: «Al Señor de los Ejércitos, Gloria, Alabanza y Honor».

Y marcho porque tengo que marchar.

El futuro de los antepasados

Hay gente, sí, que se declara harta de «memoria histórica». Incluso muy harta.

Como un jefe de TVE que se encontró el director de cine Antonio Giménez Rico cuando fue a presentar el excelente proyecto de *Inquietud en el paraíso:* «Me dijo que estaba de memoria histórica hasta los cojones».

Hay personas que reaccionan así, con ese par de argumentos por delante, nada más oír la expresión «memoria histórica» o simplemente «memoria».

Pero no siempre se expresa ese hartazgo en un tono de arenga. Tzvetan Todorov escribió un muy interesante ensayo, *Los abusos de la memoria,* crítico con una memoria invasiva, obcecada en monumentalizar todo, calendario y territorio. Y también con sutileza, abierto al disentir, escribió David Rieff su *Elogio del olvido,* donde expone la necesidad de olvidar como terapia.

Depende. En un encuentro literario en Portugal, *Correntes d'Escritas* de Póvoa de Varzim, un muy veterano escritor nos contó que había ido al médico preocupado por determinados síntomas.

—¡Es que usted va para noventa años! —exclamó el doctor.

Nuestro hombre, muy irónico, le explicó que no había ido a la consulta para que le recordasen la edad, sino por problemas de salud. El médico se lo tomó más en serio y le explicó entonces que, por lo que contaba, podían ser síntomas de enfermedad de Parkinson o Alzheimer.

—¡Prefiero el párkinson!

—Pero ¿por qué? —preguntó el médico, extrañado ante la rapidez de la *elección*.

Y el paciente lo explicó así: «Si tengo párkinson puede temblarme la mano y caer el vino de la copa, pero ¡no se me olvida donde está la garrafa!».

El colega *idoso,* viejo, nos invitó a un vino de celebración. Percutió con el índice en la sien y murmuró satisfecho: «Sí, lo más importante es saber dónde está la garrafa». Ya no hablaba de una botella, sino de la memoria, de la inspiración.

Cuando se impone el olvido, una amnesia retrógrada, la memoria tiene su estrategia. No se puede borrar a martillazos, sea una garrafa o el disco duro de un ordenador. Pueden enmudecer los humanos, pero hablará el silencio. No en vano Mnemósine, diosa griega de la memoria, era la madre de las musas. Brotará por algún lado, como esas plantas, los ombligos de Venus, que enraízan en las piedras.

Además no hay memoria, sino memorias. Cada uno tiene la suya. Cada persona es una nación, como recuerda un personaje del *Ulises* de Joyce. Pero toda sociedad democrática necesita una *minima moralia,* un acuerdo moral básico entre generaciones. Después de diez años de ley de Memoria Histórica, el Estado no ha asumido todavía la responsabilidad de amparar la exhumación de las víctimas del franquismo. El último informe del relator para Derechos Humanos de la ONU requiere al Estado español para que cumpla los tratados que ha firmado, donde se contempla la verdad, justicia y reparación para esas víctimas. Gracias al trabajo de voluntarios y especialistas, como los que trabajan en el Observatorio Europeo de Memorias (EUROM), existe un mapa completo de fosas. En poco tiempo, con la iniciativa gubernamental, se podría acabar con el siniestro anacronismo del «país de las cunetas». Como se podría devolver al patrimonio público el expolio del Pazo de Meirás o cambiar de uso el Valle de los Caídos para que deje de ser un templo de culto al dictador.

Es asombroso que en el Gobierno, la justicia, la Iglesia, y en personas influyentes en la opinión pública, se mantenga el síndrome de Creonte. Fue él, Creonte, rey de Tebas, el que castigó a Antígona por defender la dignidad de las víctimas.

Dice Antígona: «Yo no comparto el odio, sino el amor».

Y Creonte responde: «¡Vete, pues, allá abajo para amarlos!».

Los Creonte de hoy no te mandan «abajo». Puede que, en un momento de arrebato, exclamen: «¡Estoy hasta los cojones de la memoria histórica!». O incluso que se consideren en el centro exacto del sentido común al decretar: «¡Ni un euro para *eso*!». Los que abominan de la «memoria histórica» parecen olvidarse de que están faltando al cumplimiento de una ley de alto rango moral. Y que lo que llevó a los horrores de la historia fue el pavimento de la indiferencia.

¿Demasiada memoria histórica?

Yo estoy con el bendito historiador Yosef Hayim Yerushalmi: «Si esa es la opción, me pronuncio por el "exceso" antes que por la "falta", pues mi terror a olvidar es mayor que mi terror a tener demasiado que recordar».

Sucede que la memoria histórica, como el cambio climático, es una verdad incómoda. Por el retrovisor irónico de la historia, la pregunta es: ¿qué futuro dejaremos a nuestros antepasados?

Con Antígona, en México

Estoy ante Antígona. A los dieciséis años era taquígrafa en el frente de batalla. Una Antígona española exiliada, *trasterrada,* en México, donde ahora ha cumplido los 95 años. Eladia, así la llaman, acaba de subir las escaleras a buen paso. Además de la mirada, alerta ante cualquier estupidez o adulación, debe ser el pelo, de un blanco incendiario, lo que le da una edad propia, desatada del tiempo. No hace mucho tuvo un ictus, sí. Y se desentiende del asunto, como una adversidad menor. Saborea un trago de vino de Oporto y me cuenta que está leyendo *Los novios (I promessi sposi)* de Alessandro Manzoni: «Lo leo en italiano, claro».

La esperábamos en el piso de una de sus hijas, Paty, nacida en México, experta en política internacional. Alguien comenta lo que le dijo un día a Eladia otro exiliado: «¡Tú tienes la obligación de ser eterna!». Creo que es una misión que no entusiasma a Eladia, ella que tiene ganas de hablar del amor de novela de Renzo Tramaglino y Lucia Mondella, amenazado muy peligrosamente por el cruel Don Rodrigo y su mano criminal, *L'Innominato* (el Innominado).

A nuestra Antígona le gusta reír. La historia de España casi siempre conspira contra la risa. Y el cronista hoy, de alguna forma, también. Queremos que Eladia avance como la veloz taquígrafa que fue y nos conduzca por grandes acontecimientos. En nuestras manos van y vienen las fotos en vilo. Ahí está Eladia con la esposa del presidente Azaña. Ahí, con André Malraux. Con la Pasionaria. Ahí está con la Unión de Mujeres el día en que Tina Modotti, *María,* la brigadista y gran fotógrafa, se despidió en cinco idiomas. «Fue el discurso más emocionante que escuché en mi vida». Y ahora, una foto de Eladia sola, la mirada interpelando al Innominado. Es increíble, fíjate, es una niña. Hasta parece que viste todavía el uniforme del colegio de monjas. Una niña levantando acta taquigráfica de la guerra.

Sí, le gusta reír. Habría que escribir una historia de humor del exilio. Ese humor que es una estrategia del dolor para no sucumbir. Por eso, antes de que nos internemos en el campo de concentración en Francia, Eladia, Antígona, se adelanta a contar la historia de otros dos novios. Ella, compañera recluida en el campo, que había sido enfermera en la guerra, muy simpática, y que escribe cartas de urgencia al amado con una ortografía traumática. Y él, abogado, muy culto, que le responde desde otro campo de internamiento: «Carmela de mi alma, me están doliendo los *idem* de ver en tu carta tantos *uevos* sin hache».

Cuando Eladia se queda en silencio, no da la impresión de que le haya fallado la memoria, sino que el recuerdo es tan intenso, tan taquigráfico, que es mejor no exponerlo a la intemperie. El dolor de Antígona de no haber podido enterrar al padre. Al maestro músico. Allá quedó, caída Barcelona, en la intemperie de una fosa común.

Miguel Lozano, el padre, era primer clarinetista y fagot de la Orquesta Municipal de Madrid. Un accidente en la juventud lo había dejado cojo. María Dolores Huertas, la madre, trabajó de modista. Tenían una casa en La Latina, en un límite próximo a la Casa de Campo. En el recuerdo, un pequeño paraíso. Hasta que un obús lo convirtió en escombros.

Sus dos hermanos estaban en la guerra. En ese estado de hundimiento, Eladia tomó las riendas. Estaba preparada para cuando el mundo se pusiera patas arriba. Y eso tiene que ver con su aprendizaje. Antígona había estudiado en el colegio de las Madres de Cristo Rey: «¿Sabes qué hacían las monjas? Me volteaban los cuadernos y tenía que leer del revés». Cuando empieza la guerra, Eladia ya es una maga de la taquigrafía, de la mecanografía, de los idiomas.

Sí, fue ella, a los quince años, la que encontró un primer refugio para la familia en el Madrid bombardeado. La que se afilió a la unión de jóvenes socialistas y comunistas. Padre y madre eran republicanos sin carné. Fue ella la que tramitó el desplazamiento a Barcelona. Y en una oficina del Comisariado descubrieron que aquella muchacha era la vanguardia de la taquigrafía. Desde entonces, recorrió los frentes para levantar acta de reuniones de alto secreto. En la batalla del Ebro, la taquígrafa mantenía el pulso pese al bombardeo. Luego, con su madre, estuvo internada en un campo de concentración en el norte de Francia. Mucha lluvia, mucho frío. Solo mujeres con los hijos. Barracones inhóspitos. Todo embarrado. «No había apenas víveres. Pero comíamos risas. Siempre me gustó reír. Y había un niño, de dos años, al que le habían puesto el nombre de Stalin. Y era una risa cuando alguien llamaba a la madre: ¡Oye, que Stalin se cagó! Si hasta la madre se reía...».

—Bajo la línea de flotación —dice de repente, cambiando el tono, muy seria.

Consiguieron embarcar el 24 de diciembre de 1939 en el buque *De Grasse*. Iba con la madre y siempre le quedó la pena de haberle dicho que el camarote estaba «bajo la línea de flotación». La madre no durmió en veintitrés días. Casi enloquece. En Nueva York, las metieron en un tren sin poder apearse hasta llegar a México, ese país que aman las *antígonas* españolas.

—¡Bajo la línea de flotación! —repite Eladia. Ocurrió hace muchos años, pero todavía le duele: «¿Quién me mandaría a mí decirle que estábamos bajo la línea de flotación?».

Y su mirada taquigráfica se prepara para hablar del mundo de hoy. Para rebelarse contra la injusticia, como los novios de Manzoni, Renzo y Lucia, contra el Innominado.

La tradición de la antitradición

Hay gente con la que hablas un minuto y retrocedes un siglo. Y si te despistas en la conversación, en cinco minutos, estás en plena Contrarreforma y montando autos de fe a todo lo que se mueva. Algo parecido sucede al leer algunos artículos o informaciones. Cuando quieres pasar página, ya te tragó el chupadero y no sabes si estás en 1631, cuando Felipe IV, y en prosa de Dámaso Alonso, «asesinó a mansalva un toro de un arcabuzazo»; hazaña celebrada por Lope de Vega y otros ingenios con un gran florilegio, o en la plaza de Coria en este agosto de gracia de 2015, cuando el matador oficial asesinó a mansalva al toro *Guapetón* de un escopetazo.

En el milagro de Armenteira, que se cuenta en las *Cantigas de Santa María,* recopiladas por Alfonso X, lo que le ocurre al protagonista, el noble Ero, es que, a la busca del paraíso, se recuesta bajo un árbol a descansar, escucha el canto de un pájaro y queda tan bien dormido que, cuando despierta, han pasado tres siglos. Lo que vivimos ahora es el antimilagro. Escuchas un escopetazo y te despiertas tres o cuatro siglos antes.

Dicen que es la tradición. Y que hay que conservarla. En este caso viene muy a cuento la proposición de Walter Benjamin: «Hay que arrancar la tradición de los brazos del conformismo». Y el conformismo, en estos sacrificios que se obstinan en llamar «fiesta», es la muerte. Si la tradición es el maltrato, hay que abolir esa tradición. Hay que salirse de esa macabra tradición horaria que asocia la «hora de la verdad» con la «hora de la muerte».

Lo peor del escopetazo de Coria y de otros espectáculos similares en ruindad, como el Toro de la Vega, es justamente lo que tienen de hora de la mentira. No solo porque se hable de orgullo, honor, valentía donde deberían decir vergüenza, degradación y abuso. Para ultimar el toro, podrían utilizar en el futuro un robot asesino o fulminarlo con un dron —qué espectáculo, todo se andará— y la autoridad municipal seguiría hablando de tradición centenaria.

España no es este escopetazo de Coria ni los puyazos de Tordesillas, pero, al final, es lo que queda. Son iconos que se expanden en el vacío como los malos cuadros, se apegan como las pintadas en los muros del cementerio.

La mejor tradición de España es lo que algunos carcamales tratan de antitradición. Ese hilo de amor a la libertad que teje la literatura medieval y picaresca, la «soledad diferente» de los místicos, el poder de la risa popular que fluye en el *Quijote,* el librepensamiento, la Escuela Moderna, el hábitat de esperanza que fue la República, y así hasta una España contemporánea que ha sido referente, por un tiempo, en el arranque de este siglo XXI, en derechos humanos y solidaridad internacional. Y ahí está la legalización del matrimonio homosexual que iba a ser un episodio del Apocalipsis y acabó siendo el prólogo de una tradición igualitaria que va traspasando las fronteras.

Sí, me gusta la expresión «la hora de la verdad». Hay que recuperarla para el activismo de la vida.

En la historia se destaca a España por un frenesí imperial, uniformador, expulsatorio. En la otra tradición, un país de emigrantes, exiliados y refugiados. «Desnudos y errantes por el mundo», escribió León Felipe. ¿Quién no se ha estremecido alguna vez con las imágenes de esos «náufragos del mundo», hombres, mujeres, viejos, niñas, niños, en cubiertas de barcos como el *Winnipeg* que llevó 2.500 españoles a Valparaíso, o el *Sinaia* mexicano que transportó otros 1.800 refugiados hasta Veracruz? Millones de emigrantes y refugiados españoles en casi todo el planeta.

Por esa «memoria profunda», por interés estratégico, incluso económico y demográfico, desde luego, por humanitarismo, España debería estar desempeñando un papel de vanguardia en Europa en la atención a refugiados. Al contrario, la actitud está siendo oscura y cicatera. También en esta cuestión, la sociedad va por delante del Gobierno. España es más cooperativa y solidaria de lo que nos quieren hacer creer.

Esa sensación de ceguera, de falta de una estrategia, o de una estrategia de la desgana, se percibe también respecto de América Latina. Durante años, España fue, más allá de la retórica de «madre patria», un puente efectivo con Europa y otras potencias. Cuando el diálogo internacional para normalizar las relaciones con Cuba avanza cada día, España ha quedado como un interlocutor subalterno. Y en otros países, se la mira como un padrastro antipático.

El problema es la hora. La hora de la verdad. Tengo que tatuarme en la memoria una despedida de John

Berger, cuando dijo en *Aquí nos vemos:* «Lo único que tienes que saber es si mientes o tratas de decir la verdad, ya no te puedes permitir equivocarte en esta distinción...».

¿Por qué España?

Muy pocos autores han escrito sobre España con la implicación con que lo hizo Albert Camus, con un activismo del sentir y el pensar: «La sola tierra donde me siento plenamente yo mismo, el único país del mundo en que se sabe fundir, en una exigencia superior, el amor de vivir y la desesperación de vivir». Y mantuvo esa inquieta fidelidad toda la vida, sin desfallecer, desde su vigilia en el periódico clandestino *Combat,* durante la ocupación nazi, hasta el día mismo de su muerte en la carretera, en 1960. En la víspera, antes de salir hacía París, había escrito una carta de amor a la actriz María Casares: «Ya no tengo más razones para privarme de tu risa y de nuestras noches, de mi patria». Eso sí que es hacer visible una abstracción. La patria como el lugar de Eros y no de Marte.

Nada amigo de condecoraciones, llevaba con orgullo la insignia de la Orden de la Liberación, que le otorgaron los exiliados españoles en 1949. Otros intelectuales franceses, apoltronados en el conformismo, como Gabriel Marcel, le reprochaban tanto compromiso. Y su respuesta fue un texto que debería figurar como materia de lectura en los centros de enseñanza y en los escaños del Congreso: «¿Por qué España?». Allí donde dice: «Por primera vez, los hombres de mi edad se enfrentaban con la injusticia triunfante en la historia». Y sobre todo, cuando pelea contra la hipocresía: «Lo que yo no puedo perdonar a la sociedad política contemporánea es que se convierta en una máquina para hacer desesperar a los hombres».

Nada se pierde en estos textos de implicación, en los que Camus apuesta la cabeza por España. Si habla del pasado, es para tomar impulso y mover el silencio presente. Con el título *¡España libre!*, recopilación y traducción de Juan Manuel Molina, figura en una colección de buen nombre «Lo Que No Debe Decirse».

La España con la que se solidarizó el nobel francés era, en gran parte, un pueblo de náufragos. A la vista de la historia, el DNI debería tener la denominación de Certificado de Náufrago. Una broma anacrónica, disculpen. Suele repetirse que España es la «cuarta potencia» de Europa. En reciente tertulia, un líder se embaló y nos situó como «cuarta potencia» mundial. ¿En qué? En números, ¿no ha visto usted los números? Lo que me recordó la entrañable *Carta abierta a la patria* de Julio Cortázar: «Vicecampeón del mundo en cualquier cosa, en lo que salga».

Así que España es «cuarta potencia» en una Europa en zozobra política. Una Europa en la que avanza el engranaje anunciado por Camus: «Una máquina para hacer desesperar a los hombres». Una Europa que ha cerrado el paso a los náufragos de la historia y que ya limita con el gran cementerio marino. Desde 2014 a 2018, han muerto ahogados en el Mediterráneo más de 3.000 refugiados e inmigrantes cada año. En cuatro años, más de 12.000 que buscaban un asidero en la vida. El rechazo a acoger a las víctimas que buscan refugio, huidas de una muerte probable, es la primera actividad de la «máquina para hacer desesperar». Para ello, es una productora incesante de odio hacia los más vulnerables, «miles de seres bloqueados como moscas en el fondo de una botella». Su última manifestación ha sido el Brexit, con declaraciones incalificables en líderes a los que se supone responsabilidad: los inmigrantes de Calais señalados como un peligro para la «identidad étnica» británica (Cameron *dixit*). Pero vean la amplitud de la maquinaria: la Hungría de Viktor Orbán, la Polonia de Andrzej Duda, la Austria de Norbert Hofer y su FPÖ, la Francia de Le Pen... Todos, ultraderecha xenófoba. Como diría Simone Weil, en esa máquina se oye «todo el rumor de los estúpidos, toda la orgullosa bajeza del tiempo».

De escuchar a la gente, España podría ser, sí, la primera potencia de solidaridad en esa Europa que zozobra. José Antonio Bastos, presidente de Médicos sin Fronteras (400.000 colaboradores regulares), destaca que España es el país que mejor resiste la «máquina para hacer desesperar». Aquí no ha prendido la bajeza xenófoba. Ahora solo falta la voluntad política. El recurso más importante ya lo describe Camus: «El amor de vivir».

La *saudade* republicana
y el *boomerang* monárquico

Entre las notas de un viejo cuaderno encuentro esta frase que, en principio, me resulta altamente enigmática: «Todavía no habíamos aprendido a manejar un *boomerang* y ahora tenemos dos». ¿Cuándo y por qué decidí anotarla? No lo sé, no consigo acordarme. Pero, de repente, la frase emerge con esa disposición de la casualidad que aspira a la causalidad. Con vocación *realizativa*. Algo quiere. Veo venir un *boomerang*. Y luego, con un ojo tuerto, el otro.

Como dice el refranero: si no querías *boomerang*, toma dos.

Por eso de la causalidad, me vino a la cabeza la monarquía española. Teníamos un *boomerang*, dispensando, un monarca, y ahora tenemos dos. Todavía no nos habíamos acostumbrado al viejo, cuando tenemos que prestar atención al nuevo. Eso sí, Juan Carlos I abdicó como rey, pero va a seguir como *boomerang* emérito. En la versión oficial, y de acuerdo con el modelo de monarquía parlamentaria, era un rey que no reinaba. Después de abdicar, va a tener un nuevo estatus, para preservar su inmunidad y privilegios. Tenemos al rey y al rey padre del rey. Tenemos un par de reyes. Óptimo.

Un día paseaban por el puerto de Alicante el director de cine Marco Ferreri y el escritor de guiones Rafael Azcona. Contemplaban un barco amarrado al muelle, admirando la maravillosa arquitectura náutica, cuando a Azcona, muy buen observador, le llamó la atención que el barco tenía dos chimeneas de las mismas dimensiones, una hacia proa y otra hacia popa, pero con la diferencia de que una echaba humo y estaba tiznada, y la otra, muy limpia, como recién pintada. Azcona lo comentó con Ferreri. El barco era italiano y, apoyado en la barandilla de cubierta, había un marinero que también echaba humo a su manera.

—¿Y por qué dos chimeneas si una echa humo y la otra no?

El marinero abrió los brazos a la inmensidad por tener que explicar semejante evidencia.

—*Per l'estetica della nave!*

Así que tenemos un par de chimeneas en la nave de la monarquía. Una echa humo, y otra no.

Según la Constitución, la soberanía reside en el pueblo español. Esa es la justificación que se alega para descartar una consulta en el ámbito de Catalunya: de hacerse un referéndum, en el mismo debería participar el conjunto de la ciudadanía española y no solo los electores catalanes. Pues bien. No habría ese problema para que el pueblo soberano pudiese pronunciarse por la forma de Estado y escoger entre monarquía y república, elección que se le impidió en el proceso de Transición. Lo explicaba Adolfo Suárez, en un vídeo recuperado recientemente: «Había la alta probabilidad de perderlo (el referéndum)». La gente oye todo el tiempo hablar de su soberanía, pero se parece mucho a un instrumento de cuerda sin cuerdas. Es tuyo, pero no lo puedes tocar.

Hay quien denomina este estado de cosas como propio del despotismo ilustrado. No estoy de acuerdo.

Es un despotismo ilustrativo, *boomerang:* el pueblo es soberano siempre que no haga uso de su soberanía.

No hay referéndum, no hay elección. Pero la doctrina del *boomerang* bate en nosotros a todas horas: ¡El pueblo está encantado con el nuevo rey! Y también con el viejo. Se desvive por ellos. Ojalá reinasen juntos. Uno por la mañana y otro por la tarde, o así. Eso es lo que el pueblo quiere, según los estudios de opinión. Un 60%, un 70%, un 80%... prefiere un monarca de monarquía que un presidente de república.

Si tan rotunda es la mayoría, qué gran oportunidad están perdiendo los poderes partidarios de la monarquía para que esta quede legítima y legitimada sin tacha, sólida como una roca. Esos porcentajes estadísticos de apoyo no cuadran bien con la precipitación con la que se produjo la abdicación y la sucesión. Incluso voces favorables a la monarquía criticaron esa improvisación del episodio sucesorio. El servilismo del Gobierno. El reverencioso acatamiento de la oposición oficial. El asunto principal no parecía ser el dar paso a un nuevo rey, sino a la vez garantizar el estatus intocable del viejo monarca. La trayectoria del *boomerang.*

Deshacer un prejuicio, decía Einstein, es más difícil que descomponer el átomo. Si hay una idea escarnecida y maltratada en España es la de la república. Una de las intenciones proclamadas por quienes provocaron la guerra más cruel fue la de arrancar ese ideal del corazón y de la mente del pueblo. Por una parte, la república es una superación del anacronismo dinástico, del poder personal perpetuo por designación providencial. Pero sobre todo, en España, la república significa una nostalgia del pasado que se mantiene extrañamente viva en la memoria subterránea como una *saudade* del porvenir. En España, nombrar la república todavía significa, pese a todo el escarnio, el fin histórico del servilismo y el principio real de una libertad sin *boomerang*.

En relación con la república existe algo semejante a lo que en Portugal se llamó *sebastianismo*. La esperanza de un retorno. Pero nosotros no esperamos a un rey salvador. ¡Ya tenemos dos! Nuestro D. Sebastião es la república. Tal vez por eso, de forma inconsciente, se multiplican en el borroso escenario esos curiosos personajes que se declaran republicanos monárquicos. Y que defienden con ardor la monarquía no por ser monárquica, sino por ser republicana. Se ofenden mucho con los que piden un referéndum para elegir entre monarquía y república. ¿Se ofenden como monárquicos? Pues no. Se ofenden como republicanos muy enojados con los que quieren una república. ¡Qué escándalo! Hasta aquí hemos llegado. ¿Dónde se vio que un republicano esté a favor de la república?

DISCULPEN
LAS MOLESTIAS,
NOS ESTÁN
MATANDO

«No era dócil al imperio de mi voz»

El otro día me acerqué al mar a ver qué había en la línea del horizonte. A veces hay suerte, y pasan recuerdos, viñetas, hologramas y aves emigrantes. Ese día, en el crepúsculo de junio, eran todas mujeres haciendo equilibrio, caminando en la punta de los pies como eternas aprendices de baile, y con los brazos en cruz, para no precipitarse a lo invisible. Más o menos lejanas en el tiempo, históricas o imaginadas, pero cada vez más reales. Por la misma línea de horizonte, desde Sherezade a la sufragista Emmeline, desde Antígona a Concepción Arenal, vestida de hombre para poder asistir a la facultad de Derecho. Pero, por alguna razón, la imagen que me quedó grabada fue la de la Abuela, el personaje de un cuento de Flannery O'Connor, el titulado *Un hombre bueno es difícil de encontrar*.

La escritora sureña Flannery O'Connor (1925-1964), afectada por una enfermedad que la obligaba a andar con muletas, pasó gran parte de su vida en la granja familiar de Milledgeville, dedicada a escribir y a criar pavos reales. Católica y demócrata, a la hora de escribir saltó con sus muletas todas las castidades, setos y vallas del Sur, incluidos los límites del condado de Faulkner. Es pura perturbación.

Si hay alguien que no debería morir de esa manera, asesinada por ser mujer, es la abuela del relato de O'Connor. Pero la matan de tres disparos.

Dice el asesino: «Habría sido una buena mujer si hubiera tenido a alguien cerca que le disparara cada minuto de su vida».

Esto, el disparar cada minuto, es un promedio que está ocurriendo con las mujeres en el mundo.

«Disculpen las molestias, pero nos están matando». Esa era la leyenda que llevaba estampada en una remera en una manifestación que quedará en el calendario de la memoria de los rescates de la humanidad. La que se convocó en Argentina y otros países latinoamericanos contra el feminicidio con el lema *#Ni una menos*. La chica de la remera estaba en Buenos Aires, el 3 de junio de 2016, con cientos de miles de manifestantes. ¿Disculpen las molestias? Y lo explicaba así al cronista de *Página 12:* «Ya estoy podrida de que reclamen en cada corte (de tráfico) qué hacemos por una que nos matan, nos violan, o nos pegan. Y después un energúmeno corta la calle por un partido de fútbol y todo está bien».

La unanimidad informativa puede ser inquietante, tanto como el silencio unánime. En este caso, es casi un milagro. Medios tan diferentes como *Clarín, La Nación* y *Página 12* destacaron en primera plana una movilización que sí puede significar un giro copernicano, cansados como estamos de giros copernicanos que no giran nada. El *#Ni una menos* tiene que abrir paso a otra cultura, a otro sentido común. Hay juristas, políticos o periodistas que cuestionan el término *feminicidio* (o *femicidio)* para definir este estado de terror contra las mujeres. Se dice: «Nadie sale a matar una mujer por ser mujer...». En realidad, hay lugares, la psicogeografía del miedo, donde la mujer ya no puede salir. Y, muchas veces, está en peligro en la calle y en casa. Cada 30 horas se produce un feminicidio en Argentina. En España, en 2017, y según cifras oficiales, fueron condenados en firme 16.207 hombres por delitos de maltrato a mujeres.

Hay muchas cosas que cambiar, pero reconocer la realidad es imprescindible. La agresividad destructiva es, en muy gran parte, un asunto de hombres. Esa es la conclusión a la que llega *Una historia de la violencia,* de Robert Muchembled, una monografía rigurosa que abarca desde la Edad Media a nuestros días.

Las explicaciones relacionadas con las hormonas masculinas particularmente activadas por el calor no resultan muy convincentes, como tampoco la apelación a la genética del cazador macho. «Sería tentador», escribe Robert Muchembled, «relacionar estos hechos con invariantes de la naturaleza humana». Pero él mismo da una respuesta a este engaño establecido como convención general: «Para el historiador, lo esencial se halla en la construcción del ser humano por su cultura. El lazo primordial no se establece entre la violencia y la masculinidad, pues esta es un dato biológico». ¿Cuál es, entonces, el lazo primordial de esta violencia? «Se establece con la *virilidad*».

Esa virilidad tóxica va asociada a un poder boludo matón, que solo sabe dominar. Hay que arrojar de la línea del horizonte a esa identidad criminal de la «virilidad», tan utilizada como un eufemismo de ser violento. En Buenos Aires, en Estados Unidos, en el mundo entero, de una forma más o menos audible, se está moviendo el silencio. Y eso es el principio de todo. El supremacismo machista se tambalea cuando la mujer no acepta el estado de docilidad. Y la identidad criminal del poder viril recuerda, en su reacción, a aquel fraile del piedemonte andino que justificó así por carta el haber ordenado la amputación de las orejas a un nativo: «No era dócil al imperio de mi voz».

Las voces rotas

La expresión «techo de cristal» ha traspasado en pocos años el ámbito de los estudios de género y ya no resulta extraña en el habla cotidiana. Refleja la barrera invisible, no estipulada, pero muy real, que limita a menudo el ascenso profesional de las mujeres y las mantiene apartadas de puestos que les corresponderían por sus cualidades y méritos. Pero los códigos de paso, incluso en los edificios «inteligentes», suelen estar en manos de machos proclives a un favoritismo grupal masculino. La protección de lo que llaman *old boys network,* la red de los de siempre.

Habíamos hablado, sí, del «techo de cristal», pero Ana Luisa, una compañera de aventura periodística, me pone al tanto de una metáfora femenina de riesgo. Está el «techo de cristal» (en su origen, *Glass Ceilling Barriers*). Y está el «acantilado de cristal» *(Glas Cliff).* Podría ser un buen título para una película del mejor Almodóvar, y parece de la estirpe poética abismada de Rosalía de Castro, Emily Dickinson, Virginia Woolf, Nelly Sachs, Sylvia Plath o Alejandra Pizarnik. Pero en este caso, las mujeres situadas en el acantilado de cristal son gestoras o ejecutivas en tiempos de crisis. Como expresión reciente, surgió de un estudio sobre la deriva de cien compañías británicas en situación crítica. Esta investigación, realizada por Michelle K. Ryan y Alexander

Haslam, de la Universidad de Exeter (Reino Unido), ponía de relieve que aumentaba la contratación de mujeres para liderar las empresas cuando las cosas se torcían. El techo de cristal se rompía, sí, excepcionalmente, pero no para llevarte al cómodo despacho que ocupaba el anterior jefe, sino para encaramarte al acantilado de cristal.

La primera interpretación podría ser positiva, incluso triunfalista. En caso de naufragio, las mujeres, primero, sí, pero para tomar el mando y salvar el barco. El recurso al liderazgo femenino cuando la situación se complica mucho viene a demostrar la escandalosa discriminación establecida en tiempos de «normalidad». La «normalidad» es muy anormal. Y hasta qué punto.

De todas las revoluciones mentales, aquellas que afectan al modo de concebir el mundo, la que representa el feminismo es la más honda y positiva. Pone en cuestión todas las otras injusticias y desigualdades. Y libera al hombre tanto como a la mujer. Dice Rebecca Solnit en *Los hombres me explican cosas* (Capitán Swing Libros, 2016): «Pensemos de cuánto tiempo y energía dispondríamos para dedicarnos a otras cosas que importan si no estuviésemos tan ocupadas sobreviviendo». El que expone Solnit es un «nuevo feminismo», radical y expresado con lexemas de simpatía, que no se desentiende de las luchas del siglo xx. Reivindica el valor de esas pioneras que consiguieron en pocos años sacudir todas las conciencias. En la sacudida, muchos solo se quedaron con el escándalo sin probar la manzana de las ideas.

Me interesa y me perturba lo que Solnit dice del tiempo. Lo que se podría estar haciendo con el tiempo. Lo que se hace. A lo largo de la historia, el tiempo femenino es en gran parte un tiempo de obliteración, de borrado, de ocultación, y de miedo. Un miedo que tiene cifras. En el libro se habla de una media de sesenta y seis mil feminicidios por año en el mundo, y se cita una información del *Journal of the American Medical Association:* «Estudios de la Dirección General de Sanidad revelan que la violencia doméstica es la principal causa de lesiones en las mujeres entre los quince y los cuarenta y cuatro años; esta causa es más común que todas las muertes derivadas de accidentes automovilísticos, atracos y cáncer juntas».

Hay avances que parecían irreversibles, pero cada día vemos como esas conquistas de la humanidad pueden ser empujadas de nuevo hacia el borde de un acantilado de cristal. Aquellos que se jactaban de ser políticamente incorrectos, con la ignorancia de confundir lo incorrecto con la fantochada, pues ahí tienen el imperio de lo incorrecto. Y en primera línea, cómo no, vuelven los activistas del machismo con los sacos llenos de tiempo perdido. «¿Preferirías que tu hija tuviese cáncer o feminismo?». ¿Quién dice eso? Stephen Bannon, ideólogo de la *Alt-Right,* «derecha alternativa», y primer estratega de la Casa Blanca.

Hay que proteger el tiempo, cada segundo, cada pizca de vida, de estos depredadores. Lo necesitamos para el «mantenimiento del mundo». El de Arte del Mantenimiento es el magnífico título de un manifiesto de la artista feminista Mierle Laderman Ukeles. Más que nunca, fregar la suciedad del museo de la historia, tender la ropa de los mensajes, tejer como abuelas araña los hilos de las vidas y reparar las palabras para oír las voces rotas.

Órdenes de no movernos

De Kafka aprendemos que los grandes crímenes se gestan en las «oficinas». Sabemos que hay una cultura estupefaciente, y una presunta civilización que empapela la barbarie, pero lo que nos resulta más difícil de digerir es constatar que algunos referentes culturales que asociamos con el librepensamiento, mentes lúcidas que suponemos alertas a los prejuicios y los dogmas, van a descarriar siempre en la misma estación. Y es cuando se detienen en el mundo femenino. Cuando hablan de las mujeres.

De acuerdo o no con él, es difícil no sentirse atraído por Rousseau. Es el pensamiento salvaje, el «piel roja», en el territorio de la Ilustración donde abundaban los rostros pálidos. El más pálido de los pálidos había sido Descartes, que establecía una desconexión total entre el humano y los otros seres animales. Para Descartes, los animales eran máquinas biológicas, autómatas físicos incapacitados para los sentimientos. Rousseau encarnaba el contrapunto a ese racionalismo cartesiano, que no dejaba de ser un fanatismo. Él devolvía la vida al cuerpo de la filosofía: en el mundo animal podemos encontrar inteligencia, afectos y formas de comunicación.

Bien. Muy bien. Pero hay un conformismo regresivo con el que Rousseau no es capaz de romper. El que afecta directamente a media humanidad. No corresponde a las mujeres la condición de «ciudadanía». Su función «natural» es la maternidad: «Es verdad que no están preñadas todo el tiempo, pero su destino es estarlo». En el *Emilio,* una obra que tanta influencia tuvo en generaciones de educadores, Rousseau defiende una educación contrapuesta para niños y niñas. Para ellos, será el camino de la emancipación. Para ellas, el de la sumisión: «No debéis consentir que no conozcan el freno durante un solo instante de su vida».

En *Mujeres de ojos rojos,* de Susana Carro Fernández, se cuenta la lucha pionera de una profesora inglesa, Mary Wollstonecraft, para desmontar esta gran avería de Rousseau. Ella era, en principio, una apasionada de la filosofía del ginebrino, pero sufre una gran desilusión con sus tesis discriminatorias en la educación. El gran revolucionario deja de serlo cuando tiene que definirse sobre el lugar de hombres y mujeres en la vida. Lo «natural» es la subordinación de la mujer. Wollstonecraft se rebeló ante esta falacia y escribió una obra germinal del feminismo, *Vindicación de los derechos de la mujer* (1792), que dejaba con el culo al aire al imperio masculino, ilustrado o no.

El libro de Wollstonecraft causó un fuerte impacto en Europa y Estados Unidos. Pero, al poco tiempo, pasó a la condición de un bicho raro que había que esconder. Según testimonios de la época, que recoge Susana Carro Fernández, la sola mención de la obra «bastaba para ruborizar a quienes en algún momento la habían apreciado o simplemente leído». Y es que había triunfado en la cultura otra forma de misoginia, la que arrasó con envoltura romántica.

Un gran filósofo, Schopenhauer, por lo demás genial, es otro que en 1851 va a descarriar, y de qué manera, en la estación de siempre: «Las mujeres son el *sexus sequior,* el sexo segundo desde todos los puntos de vista, hecho para que esté a un lado y en un segundo término». Un siglo después, Simone de Beauvoir volteará la torpe expresión para provocar, con *El segundo sexo,* una revolución óptica equivalente, para la humanidad, a la de Copérnico en astronomía.

Esta vez, sí. Eso parecía. El feminismo se convertiría en un movimiento social que acabaría con las desigualdades, no solo económicas. La emancipación de las mujeres significaría un cambio de vida, un cambio cultural, en el sentido más profundo, que también liberaría a los hombres de sus prejuicios milenarios. Parecía que ese nuevo sentido común se extendía. Hasta que llegó, de nuevo, el carpetazo. La contraofensiva del machismo. Del de siempre. Y, lo que es peor, el machismo de una misoginia «culta», de la nueva «ilustración» regresiva: «¡Las feministas, con tanto feminismo, perjudican a las mujeres!».

Lo ideal para estos críticos sería un feminismo «bien entendido». Es decir, un feminismo no feminista. Poner fin, como dice uno de estos detractores hablando de mujeres artistas, a «un extendido frenesí exhibicionista de victimación y autocompasión». Pero ahí están las mujeres de ojos rojos. Barbara Kruger publicó contra todo esto una respuesta irónica titulada *Hemos recibido órdenes de no movernos.*

E pur si muove!

La «insolente marimacho»

Las intervenciones más emotivas en las últimas campañas fueron las motivadas por la violencia de género y la necesidad de atajar la peor lacra. Es decir, los feminicidios que, en su mayoría, tienen la forma del terrorismo doméstico. Todos los problemas políticos son, en el fondo, problemas culturales y morales. Esto lo repetía con mucha intención desde el exilio el gran Max Aub. Y en eso estamos respecto a los crímenes contra las mujeres. En un problema cultural. Y en una forma de «exilio»: el de las mujeres en esta sociedad del riesgo.

Sí, cuando Ana Pastor planteó en el debate con más audiencia de la última campaña, ante más de nueve millones de personas, el más grave de los problemas, porque afecta al menos a la mitad de la población, mujeres en peligro por el hecho de ser mujeres, la reacción de todos, Pedro Sánchez, Pablo Iglesias, Albert Rivera, y Soraya Sáez, como sustituta de Rajoy, fue de una esperanzadora y a la vez desesperante vehemencia. Se acabó. Ni una mujer menos. Acabar con este estado de barbarie, con este reloj que cada día marca cientos de agresiones, y cada cuatro días, un asesinato de mujer por ser mujer, un feminicidio.

Podíamos estar medianamente satisfechos con tan emotivas reacciones. Pues no. Yo me quedé asombrado, en estado de estupor, ante algunas de las «sentidas» respuestas.

Una de ellas consistió en un llamamiento a las adolescentes para que no se dejasen controlar por sus compañeros o novios. Que no permitiesen que les vigilasen los móviles. Esos mismos labios, oídme, decían, habían justificado la eliminación en la enseñanza de la única asignatura en la que se trataba el problema de la violencia de género y se educaba para afrontarla: la Educación para la Ciudadanía. En vez de educar a niños y jóvenes en la igualdad, y liberarlos de las típicas taras, se les entregó como una concesión particular al sector reaccionario del nacional-catolicismo.

Todos los candidatos, futuros gobernantes, coincidían en el remedio para una solución real a esa criminalidad endémica: educación, educación, educación.

Sí, educación.

Adelante, pues. No esperen ni un segundo para restablecer en toda la enseñanza, pública y privada, lo ahora sustraído: el conocimiento de los derechos y deberes de la ciudadanía. También la memoria, es decir, yendo a la raíz y estableciendo las causas de este mal de aire, el maltrato endémico hacia la mujer. Saber de dónde viene esta peste, esta misoginia, esta discriminación y violencia que se pega al presente como una garrapata histórica.

Pero da la impresión de que ante este siniestro total se responde con rituales de duelo y poco más. La desolación no es una consolación.

Recuerdo de niño, en la escuela, que nos llevaron a un acto para celebrar el Día del Árbol. Éramos cientos de estudiantes obligados a permanecer inmóviles durante horas, en la disciplina de las filas. Escuchamos varios discursos sobre la importancia de los árboles. Pero allí no había ningún árbol. No se plantó ni uno. Tal vez los árboles éramos nosotros. Con el sol calentando la cabeza, sentí que me salía una rama de cerezo por la oreja. Aquel día quedé vacunado contra la retórica.

Algo así está ocurriendo con el drama de la violencia machista en España. Mientras se suceden los crímenes, muchos lamentos a las puertas de las instituciones. Pero no se plantan árboles.

Y algo muy importante: el feminismo sigue siendo despreciado o ridiculizado por columnistas émulos de aquel Pascual Santacruz que publicó en *La España Moderna* (¡madre mía!) un artefacto titulado «El siglo de los marimachos». Advertía del peligro de las mujeres emancipadas, que convertirán a «nuestras bellas compañeras» en unos «seres incatalogables en los casilleros de la zoología».

A las mujeres díscolas las vilipendiaban como histéricas. Pero lo que late en el trasfondo de esta tragedia española es un histerismo masculino, que no soporta otro destino para la mujer que el del «ángel del hogar». La mujer libre, como dice el narrador de *Memorias de un solterón,* de Emilia Pardo Bazán, es el «insolente marimacho». A la propia Emilia la caracterizaron así muchos de los intelectuales contemporáneos. Unamuno le reconocía su gran talento, en cuanto «masculinismo» y no «feminismo». Él, como tantos otros, aceptaba el activismo feminista, siempre que no fuera español: «El tipo de la mujer fuerte y libre norteamericana no ha llegado aún a nuestros países».

—Pero, hombre, ¡vivimos otros tiempos!

Menos de lo que se aparenta. El histerismo masculino sigue campante en muchos gallos de la intelectualidad española.

No son solo las mujeres las que tienen que ser feministas. También los hombres. Y en todos los campos, en la educación, en los contratos laborales, en la justicia, en los espacios de la creación cultural, en las pantallas, en la Administración y en las empresas, tiene que haber políticas activas, decididas, para acabar con la discriminación y crear otro clima moral y cultural donde el machismo solo exista como chatarra humorística.

Rosalía de Castro y la revolución *queer*

Galicia es hembra. Galicia es mujer. Sobre esto, no hay división óptica en la historia. En la mitología, en el folklore, en la iconografía, en las voces altas o en las subalternas, Galicia aparece como Nai Terra (Madre Tierra). El país de la Vieira, el país de Venus. Galicia es siempre diosa, y a partir de ahí, de oficio campesina, mariscadora, obrera, emigrante, sobrina de cura, musa *art-déco,* camionera, recolectora de algas, costurera, arquitecta o meteoróloga. En Galicia hay hombres, pero Galicia es gallega.

Algunos intelectuales jugaron a dividir los países por género. Así, habría países «hembras» y países «machos». No deja de ser un juego retórico. También en los países «hembras» quienes mandan son los machos. Como dicen en la India las mujeres que luchan contra el maltrato y con una ironía doliente: «Diosas, sí, pero diosas esclavas».

Grandes autores del Siglo de Oro español tuvieron como un divertimento tratar con burla y menosprecio a gallegas y gallegos. Criadas o segadores. Gente pobre, gente fea. Como negros, judíos y moriscos. En eso coincidieron Quevedo y Góngora, quienes tanto se odiaban. Desde luego, Góngora no pasaría a la historia literaria si esa elevación dependiese del soneto forestal que dedicó al reino de Galicia: «¡Oh, montañas de Galicia, / cuya (por decir verdad) / espesura es suciedad / cuya maleza es malicia!». El romanticismo tiene otra mirada bien distinta. La antipatía se vuelve atracción. Escritores, geógrafos, historiadores, viajeros compiten en subrayar la «feminidad» de Galicia. La maleza ya no es malicia. La mujer ya no es bigotuda. Todos destacan la voluptuosidad de un paisaje ondulante. Mirada que comparten los poetas locales y foráneos. Montañas, valles, prados, bosques, rías, acantilados, yin, yang. Qué anatomía, qué geografía, qué topografía, qué curvas, qué mareo, qué caligrafía.

Ese Eros, lengua y tierra hembras, se acentuó con el naturalismo narrativo de Emilia Pardo Bazán y la alquimia de modernismo y tremendismo de Valle-Inclán. Dos portentos que mojaban la pluma en la incandescencia de las piedras *formosas* de los castros donde Galicia oculta sus volcanes. Pero los epígonos hicieron una tienda de muñecos para adultos. Galicia seguía siendo naturaleza hembra, pero propicia al incesto.

La construcción era ideal. La Madre Tierra era una diosa que se podía follar. Y que además trabajaba como esclava. El beneficio perfecto. Como cantó John Lennon: «*[Galicien] Women are the niggers of the world...*».

Si Galicia, como espacio natural, sufre el maltrato que sufre, si aquí el bodegón, la naturaleza muerta, es la naturaleza asesinada, algo tendrá que ver con la corrupción del mito de la Terra Nai. Un mito intoxicado por pesticidas, el primero de ellos, el del supuesto amor.

Cambiar la historia supone, de entrada, cambiar las voces de la historia. La imprescindible revolución histórica de nuestro tiempo es revolucionar la forma de contar la historia. Hay demasiado *estatismo* a la hora de narrar el transcurrir histórico. Estatismo como sinónimo de discurso del poder, de posesión, de dominio, o del deseo de tenerlo. Necesitamos una escuela propia de Subaltern Studies, al estilo del gran Ranajit Guha, que rastreó la historia oculta de las mujeres hindúes en la lucha por la independencia de la India. Escuchar la estrategia de las vidas, sus resistencias, y no el tema único y obsesivo de la mirada estatista, que es la de quién ocupa el poder y las instituciones.

Así también podríamos narrar otra historia de Galicia. La de Eros contra Thánatos, la de la insurgencia libertaria contra la pulsión de dominio. Y está en la deriva heterodoxa de los *cancioneiros* medievales galaico-portugueses; en Rosalía de Castro; en *La Tribuna* y en relatos de Pardo Bazán, como el extraordinario «Las medias rojas»; en Castelao; en la literatura actual de Erín Moure, Chus Pato, Dores Tembrás, Antón Lopo o Iolanda Zúñiga; en el canto de Mercedes Peón, Xabier Díaz o Ugía Pedreira, allí donde brotan las voces indóciles de las clases perdedoras y de las naturalezas asesinadas. El *estatismo* político, aunque se presente como progresista, deja fuera o atrasa lo que considera, falsamente, contradicciones secundarias, como la plena igualdad de los derechos de las mujeres y de los diferentes. Al igual que mantiene yacimientos de pobreza, alambrados de marginación para inmigrantes, la ignorancia de la diversidad cultural, la violencia catastral, la crueldad con los animales.

Galicia se identifica con una mujer, sí. Tenemos el retrato, hecho por Castelao: *A tola do monte*. La loca del monte. Ultrajada y rebelde. Ese retrato perturbador. Al fin y al cabo, ¿no es el de *la Loca* un heterónimo asumido por Rosalía?

Necesitamos la mitología de la Tierra Madre, pero no para joderla como diosa-esclava, sino para que nos joda. Para que abandere otra historia: otra forma de vivir y de contarlo. La historia de la Galicia *queer,* transgresora y rara.

Necesitamos que la Madre Tierra, Virgen de Guadalupe, cante con voz de brava al machismo-uniformismo:

> *A muller que capa os homes*
> *Vive no campo de Noia,*
> *Fuxí, homes, fuxí, homes,*
> *Que aí vos vén a capadora.*

> (La mujer que capa a los hombres
> Vive en el campo de Noia,
> Huid, hombres, huid, hombres,
> Que ahí os viene la capadora).

Y que Rosalía de Castro ponga fin a tanta misa de defunción, aniversario va, aniversario viene, con un aviso definitivo para la parroquia:

> De aquellas que cantan a las palomas y a las flores
> todos dicen que tienen alma de mujer,
> pues yo que no las canto, Virgen de la Paloma,
> ¡Ay!, ¿de qué la tendré?

Un país de hechiceras

Es casi inverosímil imaginarse la historia de Sherezade al revés: un hombre que, para salvar su vida, cuenta cuentos durante mil y una noches a una mujer todopoderosa. Hasta la ninfa y maga Calipso, en la *Odisea,* renuncia a sus poderes, que son muchos, para liberar de su abrazo enamorado a Ulises y dejarle regresar a Ítaca.

El sultán Shahriar, con el que tiene que vérselas Sherezade, es un cabrón sanguinario, por decirlo de forma educada, que cuenta en su historial con al menos tres mil feminicidios, los de las muchachas vírgenes a las que ordenó decapitar después de tomar posesión. Es el poder absoluto que se realiza en la pulsión destructiva y cuyo mayor goce será destruir al objeto del deseo. No parece ser un poder que se ablande, ni siquiera en el tálamo, ni que vaya a mejorar de humor por unos monólogos del antiguo club persa de la comedia.

Esa ficción cruel tiene un principio de realidad. El telón de fondo de *Las mil y una noches* es un escenario que se prolonga hasta nuestros días. Allí donde se viola y mata impunemente. Las metamorfosis de ese poder criminal, desde el sultán al último dictador o al capo que negocia con la trata de mujeres, siempre tienen como componente nuclear el machismo y la violencia. Por eso es tan acertada la palabra *violación* para definir todos sus actos. Se violan los derechos. Se violan los cuerpos y las almas. Se viola el lenguaje.

Después de vivir dos guerras, de las grandes, Elias Canetti se lamentaba de no haber escrito más y más contra el lenguaje bélico: si unas palabras traen la guerra, otras podrían frenarla. Lo extraordinario de la historia de Sherezade, lo que a ella la mantiene viva y reactiva nuestro presente, es la manera en que la boca de la literatura frena la catástrofe. No estamos acostumbrados a que triunfe el activismo del sentir. Pero ocurre. El único patrimonio de Sherezade es la palabra poética, la boca que da a luz un lenguaje que no pretende dominar. Y ese activismo del sentir consigue un primer efecto revolucionario: desequilibra al poder.

Desde el momento en que quiere seguir escuchando, ya no es el mismo. Podría haber cortado de cuajo. Así hizo Stalin con Osip Mandelstam. Ordenó matarlo por un epigrama. Allí donde dice: «Como herraduras forja un decreto tras otro». También lo desequilibró, pero su reacción fue acallarlo para siempre. Aquí pasó con nuestro mejor poeta: Federico García Lorca. Sherezade, en él, fue violada, asesinada.

Hoy podríamos hablar de una Sherezade colectiva, entendida como un taller que bulle de diversidad. En el ámbito creativo, en España, en Latinoamérica, seguramente en todo el mundo, lo más audaz, lo que abre paso, tiene el sello de Sherezade. En España se han publicado estos días dos antologías poéticas que son marcas del tiempo. Una, *(Tras)lúcidas,* edición de Marta López Vilar (Bartleby Editores) que incluye veintinueve autoras y poemas en castellano, gallego, euskera y catalán. La otra, *Poesía soy yo,* publicada por Visor, que alberga obra de ochenta y dos poetas de España y América.

La revolución de Sherezade es un laborioso proceso contra la estupidez, agravada por el «histerismo masculino» que ha dominado en el poder político, religioso y cultural. Marcelino Menéndez Pelayo despachaba así a Emilia Pardo Bazán: «Literata fea con peligro de volverse librepensadora». Fueron incapaces de ver que era la mejor: el machismo, esa mezcla de grosería y miedo, los cegaba. Y ahora, don Marcelino, la cultura en España es un cultivo de hechiceras, heterodoxas y librepensadoras. Donde no están, todo parece un «maldito sitio triste» con una pantalla donde ver el fútbol, las moscas y los toros.

Para evitar los estragos de la neodepredación, en Europa se lanzó la idea defensiva de la «excepción cultural». Algunos Gobiernos desarrollaron políticas activas para evitar el desahucio de la cultura de los espacios públicos. Se trató el libro, el teatro, el cine, la música o la danza como bienes necesarios. Aquí, los gobernantes echaron una mano a la cultura, una mano al cuello. Nuestra «excepción cultural» han sido y son las mujeres. Son ellas las que están frenando la derrota de la cultura. ¿Frente a quién? Frente al imperio del Vacío. El poder de la Nada.

¡Qué suerte, don Marcelino, un país de hechiceras!

SANGRE DEBAJO DE LAS MULTIPLICA- CIONES

La espada de Damocles

Hoy por hoy, solo hay algo que puede provocar una revolución social en España. Las pensiones. La zozobra del sistema público de pensiones.

Como hay muchas personas mediopensionistas, tal vez sería una mediorrevolución. Pero en todo caso sería una gran revuelta. Una gran sacudida contra un gran retroceso.

No llegué a esta conclusión por las encuestas del Centro de Investigaciones Sociológicas, que no pregunta sobre este asunto abismal, sino por mi propia investigación.

Mi trabajo de campo, una encuesta continua con una muestra referencial, está hecho en la barra de un bar. Un bar llamado justamente La Barra, en el barrio de la Pescadería de Coruña.

Ya sé que no es una prueba científica, pero nadie me negará que la barra del bar es un baremo. Donde acostumbro tomar un café por la mañana, la ideología de la barra, que es también una media ideología, fue girando en los últimos años hacia el conservadurismo. El tiempo también pasa para las barras de los bares. Pasa reculando, claro. Se nota en los comentarios que suscitan los asuntos destacados en los programas matutinos de las televisiones o la lectura en voz alta de un titular de prensa por alguno de los barristas analógicos. Lo que trate de

Catalunya es una cerilla del mejor fósforo: incendia la atmósfera y la gente de la barra echa banderas de fuego por la boca. Otro *frame* de barra es Podemos. A Pablo Iglesias se le perdió todo el respeto y cuando se le nombra es siempre con el apodo del *Coletas* por delante y dicho en un tono metálico de tijeras de rapar el ganado salvaje. ¡El-Co-le-tasssss! Es muy sintomático que Mariano Rajoy no cargue con ningún apodo o alias, con la materia prima que tiene.

Hubo un tiempo en que se respiraba otro aire en la barra. Un inconformismo de café bravo. Pero el gran retroceso fue ablandando el activismo neuronal como un descafeinado con sacarina.

Solo hay un asunto que vuelve insurrecta a la barra. En el que la barra recupera el espíritu de barricada.

Yo, callado, tomaba mi café como una dosis de silencio expreso.

Alguien soltó el detonador marca Puigdemont etcétera etcétera y la barra estalló en un Pentecostés de ardientes maldiciones.

Yo tomé otro trago de silencio.

Entonces salió Pablo Iglesias en la pantalla, y ni hizo falta que se oyese lo que decía. De la barra salió un bramido de cazadores de cabelleras. ¡El-Co-le-tassss!

Yo tomé otro trago de silencio cargado. Pero desde la esquina de la barra, el viejo Mourelle, que fue marinero muchos años, en la pesca y en la mercante, tomó un trago de silencio cortado, chascó la lengua y preguntó en voz alta:

—¿Y qué me pensáis de lo de las pensiones?

Aquello fue una sublevación que se extendió por todas las mesas del local. No es que la gente pidiese un cambio de Gobierno. Lo que pedía, a su manera, era un Marat, un Bakunin o un Foucellas, aquel legendario maquis gallego. Aquello, sí, era un auténtico asalto a los cielos, pero a la manera de la barra popular: haciendo bajar a todos los santos. No hay como una pregunta a tiempo, una chispa inteligente, para que se levanten del suelo las voces bajas.

Cuando el temporal amainó un poco, Mourelle redondeó la protesta.

Dijo:

—Pende sobre nuestras cabezas la espada de Damocles.

Quedé maravillado. Aquel hombre, acostumbrado a luchar con los golpes de mar, no echó ningún mitin ni arenga para conseguir cambiar el sentido de la corriente en la conversación popular. Solo hizo una pregunta. La pregunta. Y después, como quien coloca un laurel en la barra, la precisión de una cita ilustrada.

Eso mismo, dicho en otro ambiente, quedaría como una frase inadvertida o sonaría pedante. Pero allí, en la barra, en aquel momento, estaba la espada de Damocles. Podíamos verla con toda claridad. Afiladísima y reluciente, colgaba encima de nosotros, justo sobre nuestras cabezas, solo sostenida por un pelo de crin de caballo.

Luego, cada uno tomó su trago de silencio. Sí, había mucha materia para callarse.

Mourelle se puso la gorra, metió las manos en los bolsillos de la zamarra, y se echó fuera del bar, zafando en la intemperie de este tiempo intransigente.

La otra *Operación Triunfo*

Hoy he visto la «mano invisible» del mercado.

Había leído y oído algunas historias sobre esa mano. Pertenecía a Adam Smith, el gran filósofo, precursor del liberalismo moderno. Su idea sería que una «mano invisible», sin interferencia política, regularía de forma eficaz y equilibrada la actividad económica. Adam Smith no era alguien que lo midiese todo por el valor de cambio. Al contrario, era una persona de firmeza ética y a su obra más querida le puso el título de *Teoría de los sentimientos morales* (1759). Frente al pensamiento más común en su época, y en la nuestra, defendió que no era el egoísmo lo más definitorio del ser humano, sino la capacidad de sentir simpatía, de compartir el dolor ajeno. Asociaba la cohesión social a un orden justo.

Pero a Adam Smith le sustrajeron la «mano invisible». Hicieron de ese concepto un títere para dar cobertura teórica a un fanatismo mercantilista. La «mano invisible» manejada por un *croupier* enloquecido. El mundo como un gran casino, rodeado de catástrofe social y ambiental.

Pero la mano invisible que yo he visto es la mano de un joven que desde hace años se gana la vida en el mercado municipal donde suelo hacer la compra. No lo había visto nunca pidiendo. La extrañeza de ver esa mano extendida. Esperaba siempre con ellas, con las manos, en los bolsillos. Hasta que lo reclamaba alguien para hacer de transportista de la compra. La mayoría, ancianas o gente imposibilitada para llevar cargas. Personas solitarias a las que también daba conversación. Simpatía. Le llamaban, le llaman, por el apodo de Euro. ¡Oye, Euro! Euro para aquí, Euro para allá. Por favor, Euro. Flaco y fibroso como un junco, hacía su trabajo con diligencia, las bolsas bien sujetas y la cabeza erguida a la manera de un yogui, abriendo paso en la acera para la anciana.

Ahora, Euro extiende la mano antes invisible. Desde niño, se había ganado la vida de portador. Está tenso, pero su mirada sigue siendo giratoria, como un periscopio, con la esperanza de que alguien lo reclame. Me cuenta que apenas tiene «transportes». Hay personas ancianas que llevan ellas las bolsas, o que arrastran un carrito por las cuestas. Le dicen: «Lo siento, Euro». Pero tienen que ahorrar hasta el último céntimo. «Hay gente», me dice, «que ya ni enciende la luz por la noche». Es un experto en vidas precarias. Lástima que no lo convoquen a un consejo de ministros.

Christian Felber, profesor de la Universidad de Economía de Viena, ha propuesto sustituir el Producto Interior Bruto, como desalmado indicador de la riqueza de un país, por una forma de medir: el Balance del Bien Común. Más realista, más honesta. Una «realidad inteligente» que pondría en evidencia el tamaño de las brechas.

Euro es consciente de vivir en una brecha y por eso extiende su mano visible y vacía y su cabeza gira continuamente como un periscopio angustiado. Cada vez hay más gente caída en las brechas.

El Gobierno dice que hemos salido de la crisis. Eso será en el PIB. Desde un Balance del Bien Común, es

141

un error equivocado. Vivimos una postcrisis española donde se agrandan las brechas. Y dice el Gobierno que estamos en plena recuperación. Sí, pero en una recuperación regresiva.

Apenas hay información oficial sobre las brechas. Deberían incorporarla a los espacios de meteorología. Porque lo que está pasando es que mucha gente sale de casa, desinformada, y se cae en una brecha o en varias.

Tenemos la brecha de la desigualdad salarial. Los ejecutivos ganan como media un 30 % más que cuando se originó la crisis. El incremento es mayor en los altos ejecutivos. Los trabajadores han perdido en ese período más de un 11 % de poder adquisitivo. Un ejecutivo del Ibex-35 gana 112 veces el sueldo medio de la compañía y el equivalente a lo que cobran 227 empleados con el salario bajo.

En Islandia, el Gobierno ha establecido por decreto la igualdad salarial de mujeres y hombres. En España, desde el comienzo de la crisis hasta hoy, esa brecha se ha agrandado y ronda un 25 %. Podríamos decir que las mujeres trabajan una media de 45 días gratis.

Está la gran brecha de los contratos laborales. España es el país de Europa con mayor número de contratos temporales, sin contar los «falsos autónomos» y los «falsos becarios». La generalización de un mundo laboral en precario. La clase generada por la Recuperación Regresiva es la de los «trabajadores pobres».

¿Qué decir de la brecha de las rentas? En vez del milagro español, hay que hablar de un Estado de vergüenza. «La Comisión Europea sitúa a España a la cabeza de la desigualdad por renta de la UE» (*El País,* 15.1.2018). Un país donde los ricos salen más ricos de la crisis, y tiene el récord europeo en el incremento de la pobreza infantil. Y con un sistema impositivo de chiste, donde un ex alto cargo de Hacienda, siempre que no lo identifiques, te confiesa: «Olvídate, aquí los ricos apenas pagan impuestos. Saben cómo no hacerlo».

Grandes brechas que crean otras brechas futuras: la incertidumbre de las pensiones. Bueno, ¡me voy a ver *Operación Triunfo!*

La cajera

De la reina de España, doña Sofía, ahora reina emérita, se dijo como elogio que era «una profesional». Ella también lo es. La cajera de *mi* supermercado habitual. Una reina precaria. Sonríe al dar el ticket de la compra, incluso en un día como hoy. Un día nublado por dentro y por fuera. Me dice adiós. El último adiós. Se despide porque la despiden. ¿Y por qué la despiden? Porque se cumplen tres años. Le han ido haciendo contratos temporales. Había llegado su hora. Es decir, deberían hacerla fija. Su salario es mínimo, pero su trabajo, impagable. Tres años poniendo buena cara al gentío impaciente de las colas. Tres años regalando bromas, una sonrisa, un plus personal que nadie le exigía. Hay momentos en que la caja de un supermercado es un paso abrupto, con sus choques y broncas, pero ella sabía manejar a ebrios, furtivos o señoritas faltonas con una popular soltura freudiana. Ese oficio de brega pública requiere cualidades diplomáticas, agilidad mental, un estado en vilo durante largas horas. Y aun así había una huella humana, una tinta invisible, en el ticket de la cajera. Esa cajera que dice adiós con una firmeza melancólica que recuerda a Celia Johnson en la estación de *Breve encuentro,* mientras sus manos atienden ya el nuevo pedido con la velocidad chaplinesca de *Tiempos modernos.* Trabaja para una cadena que ha incrementado sus beneficios. Cada vez menos gente hace más trabajo. He pagado mis mercancías, pero marcho con la sensación de ser testigo de una substracción criminal. Vivimos dominados por un pensamiento único, ese oxímoron de «liberalismo totalitario», que ya presenta la forma de un pensamiento *aristontónico,* un cúmulo de tontos eufemismos. *Reformas* que aceleran los despidos. *Austeridad* como expolio público, mientras se escabullen los grandes corruptos. De querer ahorrar, los *bicéfalos* podrían suprimir, por ejemplo, las diputaciones, esas escuelas de caciques, o el Senado, ese indecente refugio de inutilidades bien pagadas. Y no tocarían lo sagrado. La escuela de la cajera. La decencia ordinaria.

Debajo de las multiplicaciones

Hubo un tiempo en que pensaba que la niebla se formaba con el vaho de las vacas.

La cuadra estaba en la planta baja de la casa campesina, la de mi abuelo Manuel de Corpo Santo. No llegué a conocer a la abuela. Falleció joven, dejando una prole de diez chicos y chicas. Vivieron una posguerra muy dura, de pan negro. Dos de los niños quedaron en el camino. Pero yo ya recuerdo aquella casa como un lugar que bullía y cantaba. Pasé allí parte de la infancia, como un niño refugiado de la ciudad. O como un aprendiz de mirlo, en el tiempo de las cerezas. Pero lo maravilloso venía con la noche. En la *lareira,* esa chimenea 3D, te sentías en el interior del fuego, un lugar hipnótico donde la gente curaba con sus historias el miedo, el frío y el abandono. Los surrealistas andaban a la búsqueda de «un cierto punto del espíritu» donde confluyeran los antónimos, la vida y la muerte, el pasado y el presente, la luz y la sombra... Bueno, pues allí estábamos En Cierto Punto. Si alguien contaba que había árboles que caminaban en la noche, pues allí oías el roce de los árboles somnámbulos escrutando en la ventana del lavabo.

En el otro extremo de la planta baja, con el suelo de tierra pisada, estaba la cuadra. Podías ver asomar las cabezas de las vacas por los comederos, reconocerlas, nombrarlas, *Marela, Linda, Pinta,* aquel movimiento acompasado de las lenguas con su filo de ventosa atrapando la hierba, y sobre todo, las grandes vaharadas. Un efecto especial En Cierto Punto.

El valle amanecía casi siempre cubierto por una niebla espesa, tan densa que las arañas trepaban por ella. ¿De dónde venía la niebla? Los mayores se encogían de hombros o señalaban en dirección al río, pero yo estaba convencido de que la niebla nacía en la boca de las vacas, y el engranaje rumiante, aquella fábrica incesante de vaho.

«Recordar duele», decía un amigo, Herminio Barreiro, maestro de la pedagogía libre, nacido él mismo en una escuela rural. Y para sacudirse la tristeza nos contaba la historia de su compañero de pupitre, con ruido de hambre en las tripas, que un día respondió a la pregunta del maestro para que dijese el nombre de un animal invertebrado y lo hizo con precisión entusiasmada: «¡El chorizo!».

Debería escribirse con urgencia una *Historia universal* que incorporase, en igualdad de miras, la vida de los animales. Las extinciones, las grandes matanzas, la sobreexplotación, el maltrato y la crueldad, ese documento de Barbarie que está en el envés de la Civilización. El prólogo ya existe, magistral: «New York (Oficina y denuncia)», de Federico García Lorca. El gran poema contemporáneo, allí donde se entrelaza el drama humano y animal, la misma codicia insensible que aplasta a la naturaleza y a la dignidad de la gente. «Debajo de las multiplicaciones / hay una gota de sangre de pato. / Debajo de las divisiones / hay una gota de sangre de marinero. Debajo de las sumas, un río de sangre...».

Y es que lo que duele hoy es el recuerdo del presente. Esas noticias de las granjas abandonadas, donde se deja morir a las vacas de hambre. Leo varias crónicas estremecedoras, que parecen remitidas desde el Infierno de Dante (*La Voz de Galicia*, 24.4.2016). En la crisis del campo, de la que se habla muy poco, la situación es límite. No se paga por la leche ni el mínimo para poder alimentar el ganado. Unos céntimos de euro por litro. Mientras tanto, los precios de venta al consumidor se mantienen o suben. No tiene perdón, pero cuando eso ocurre, el dejar morir a los animales de hambre en las granjas, es que la esperanza ha caído más bajo que la tierra. Animales abandonados, humanidad abandonada. Ahora está claro para quienes no querían verlo: las grandes explotaciones intensivas fueron una trampa. Las mismas instituciones que las promovieron les sugieren ahora a los ganaderos desesperados que se dediquen a explotaciones de pequeño tamaño, a la cría ecológica. Los burócratas políticos y las entidades del crédito impaciente han descubierto ahora que el chorizo es un animal invertebrado. Detrás de las cifras, hay gente más allá de la angustia y animales que se mueren de hambre en granjas carcelarias.

¿Recuerdan el mal de las vacas locas? Los locos eran otros. Y siguieron haciendo multiplicaciones.

Alas de pollo

La distancia entre la realidad y la ficción es un ala de pollo. En la realidad invisible habitan cientos de miles de familias que tienen como casi único menú una sopa con alitas de pollo. Cuando Cáritas expone este estado de emergencia, el ministro Montoro reacciona con incredulidad. No porque ignore que exista Cáritas. Lo que hace torcer el gesto al ministro son las alitas de pollo: ¿desde cuándo los pollos tienen alitas? En la verdad oficial del Gobierno se destaca el crecimiento en algunas líneas de consumo. En especial, en productos de lujo. Se está registrando un gran incremento en la compra de coches de alta gama y modelos deportivos, a la manera de preciosos animales mitológicos dotados de alas. Tal vez por eso aumentan las voces optimistas en las élites del poder. En la panorámica de un Porsche Panamera o de un Infiniti, la realidad no solo avanza, sino que prospera cada kilómetro. A esa elegante velocidad no se ve ni un pollo. Cuando existía la diferencia entre realidad y ficción, algún aguafiestas podría indisponer a las masas con la contabilidad subversiva de cuántas alitas de pollo equivaldrían a una berlina. Pero vivimos en una España mágica que ha superado la comparación odiosa entre el lujo y la pobreza. Para defender la opción de incrementar el IVA, los políticos y los expertos diplomados en el Campus Fantasma de la Universidad de

Maravillas han utilizado un argumento infalible: este impuesto es más justo porque uno siempre puede ejercer la libertad de comprar o no. Y es verdad. ¡Es la libertad en el tiempo de la modernidad regresiva! Uno puede elegir entre pagar la calefacción o adquirir un Rolex: en las horas de un reloj de lujo no hace frío. O entre comprar las alitas de pollo o volar en un Lamborghini Aventado. Es algo que siempre explicó muy bien Esperanza Aguirre, en aquel episodio en que escapó de la policía local en la Gran Vía de Madrid. Que por qué se largó sin pagar la multa y atropellando al pollo. ¡Por amor a la libertad!

Albert Camus y el bombero de Bilbao

Me he encontrado a la personificación del hombre rebelde. «¿Qué es un hombre rebelde? Un hombre que dice no. Pero negar no es renunciar: es también un hombre que dice sí desde su primer movimiento». En *El hombre rebelde,* de Albert Camus, no hay un personaje principal, con nombre propio. La voz que narra es la conciencia. Pero ese arquetipo podría llamarse tranquilamente Ignacio Robles. *Ina,* en confianza. Ina, 41 años, casado y con dos criaturas (2 y 3 años de edad), trabaja de bombero en Bilbao. Ha dicho «no» muchas veces, apostando la cabeza frente a la injusticia. Pero he aquí una prueba sencilla de que ese «no» dice «sí» desde su primer movimiento. El bombero de Bilbao, el hombre rebelde, ha construido con sus manos la propia casa. La ha levantado en dos años, en Getxo, su lugar natal. Y espera habitarla con la familia esta Navidad.

No todo va bien. Hace poco tuvo la sensación por vez primera de que iba a tumbarlo la injusticia. El 13 de marzo de 2017 lo enviaron a un servicio de prevención en el cargamento de un buque en el puerto de Bilbao. Era un barco de Arabia Saudí. Él vio una señal de explosivos en los contenedores. Preguntó de qué se trataba la carga. Alguien respondió lacónico: «¡Son bombas, proyectiles!». Ignacio se quedó clavado bajo la lluvia. Pensó en el Yemen, o el Yemen pensó en él. Una catástrofe humanitaria. Desde 2015, miles de muertos y heridos civiles por bombardeos de la aviación saudí. El caso es que la conciencia le dijo que no. Él explicó que no iba a hacer aquel servicio: «No me deja la conciencia». Lo relevaron, sin más. Creyó que todo quedaría ahí. Pero un mes después, por la prensa, se enteró de que le habían abierto un expediente por falta grave y que podía costarle hasta seis años sin empleo. «El suelo se movió bajo los pies», dice. «Tenía una familia que cuidar. Era la primera vez que dudaba por haber dicho que no».

Ignacio había estudiado varios cursos de Ingeniería Industrial y trabajaba como conductor del camión de su padre, cuando decidió presentarse, con veinticinco años, a unas oposiciones de bombero. Era difícil. Muchos aspirantes. Pero tenía estudios, era buen deportista, y le ayudó el carnet de camionero. Como le sirvió para una de las acciones de impacto internacional en las que participó. El transporte de un camión cargado de maíz transgénico desde Provenza y que los de Greenpeace vaciaron en la puerta de la casa de Sarkozy en París. Ese mismo año, 2007, Ignacio fue uno de los escaladores que hizo posible en la basílica del Pilar de Zaragoza una emocionante *performance,* una imagen que recorrió el mundo: la colocación de una gran montaña de zapatos de niños para denunciar las mutilaciones causadas por las bombas de racimo. España era fabricante y exportadora de esos artefactos, y aquel acto del Pilar fue decisivo para la prohibición. Cuando se colocaron grandes pancartas en lo alto de la Torre de Belém de Lisboa o de la Puerta de Alcalá de Madrid para alertar por el cambio climático, allí estaba Ina, el bombero de Bilbao. Como estaba en Jerusalén, en 2013, durante la visita de Obama. Él fue el encargado de llevar desde España una pancarta de doscientos metros en la mochila. En el control le preguntaron qué era y respondió con seguridad: «¡La vela de un barco!». De alguna forma, lo era. La del arca de Noé. Estuvieron diez horas a la vista de los mandatarios del mundo clamando contra el calentamiento global. Los detuvieron. «Los policías hebreos compartieron con nosotros su comida». Y era también Ignacio uno de los activistas que en 2014 escaló al tejado del Congreso español para protestar por la «especulativa» ley de Costas.

El primer activismo de Ignacio es ser bombero. Ha estado en muchas situaciones comprometidas. Pero lo de las bombas es otra cosa. Le apena ver que los barcos sigan cargando toneladas y toneladas. Y no le parece precisamente un motivo de complacencia el que España sea la séptima potencia exportadora de armamento. «¿Puestos de trabajo? Orbea y BH fabricaban armas y ahora hacen bicicletas». Sonríe: «¡Podríamos ser la primera potencia en bicicletas!». Es domingo y el hombre rebelde se va a terminar su casa.

Los tatuajes de la madre

Ali Ali siempre estuvo fascinado por los tatuajes de su madre. También de sus tías. Eran visibles los de las manos y la cara. Pero, por ese acuerdo secreto entre madres e hijos, Ali Ali sabía que había un fascinante oasis de signos y formas cubierto por las ropas. Se los hacían las mujeres entre ellas. Hervían ceniza en una olla y esa pasta se mezclaba con una *tinta* esencial, el hilo de leche de una hembra que venía de alumbrar, y la sangre que emanaba del pinchazo de la aguja. Eran dibujos que protegían como conjuros los órganos vitales. Enmarcando el ombligo, el signo del infinito. En cada trazo, una voluntad de sentido y belleza. Y erotismo. Una sutil simetría de alas y hojas elevándose por piernas y muslos. La magia de dos escorpiones custodiando la vulva, el origen del mundo.

Cuando Ali Ali tuvo que hacer su trabajo de doctorado en Bellas Artes, en Damasco, pensó en esa obra de arte que lo había engendrado. El cuerpo de la madre. Fue un acontecimiento que fascinó a la directora de tesis. Amina, la madre de Ali Ali, era portadora de una tradición estética que se revelaba como una misteriosa vanguardia que atravesaba los siglos al margen de cualquier canon o comercio.

He visto a Amina, su retrato. Ella estaba a miles de kilómetros, en una aldea llamada Khatounie, en la provincia de Al Hassake, en la Mesopotamia siria. No vive, pero nos mira desde uno de los cuadros de su hijo Ali Ali. Nos mira de una forma especial, como apoyada en el muro de una frontera, la que separa el país de los escombros y el país de los colores. En realidad, vivía hasta hace muy poco, hasta hace nada. Así que es comprensible que nos siga mirando. Nos mira antes de morir de pena y después de morir de pena.

Porque Amina se murió de pena hace poco. Cuando supo que su hijo menor, Jaizán, de diecisiete años, había muerto por la explosión de una mina. Y poco antes un obús destrozó a un sobrino de dieciséis años. Y una de sus hijas acababa de descubrir que el marido, profesor de Filosofía, a quien creían preso en la cárcel por sus ideas, había sido ejecutado por el régimen fascista de Bashar Al-Asad hace ya tres años. Tres años convencida de que vivía, tres años enviándole cartas de amor y ánimo. No puedo seguir, lo siento Amina. En tu casa, con Soleimán, el marido, se han criado veintidós chicos y chicas. Todos, y los millones de refugiados, están en tu mirada, antes y después de morir de pena. Es una mirada que no deja de mirar. Que no toca fondo. Que va más allá del fondo.

Creo que estás preocupada por el vacío.

Ali Ali me cuenta que, cuando tejías las alfombras y los tapices, no dejabas ni un espacio vacío. Tú, y las otras mujeres, no dejabais ni una pared, ni un mueble, ni una ventana o puerta sin dibujos ni colores. En Al Hassake estaba el lago. Existía el oasis. Y la tarea, cada día, era vivir con esa voluntad de oasis. Tú te tatuabas. Las muchachas vestían de colores. Nadie ocultaba el rostro. En la escuela convivían musulmanes, cristianos, judíos, y

drusos, kurdos, y otras muchas etnias del crisol mesopo-
támico. Era un tiempo feliz, el trabajo transformado en
fiesta, cuando todo el pueblo colaboraba para preparar
las casas cada año, la mezcla de arcilla y paja, para resistir la inclemencia. Y la gente menuda hacía muñecas, esculturas y carritos. No había mezquita. Eras creyente,
musulmana, pero nadie te imponía ni imponías.

Algo ocurrió. En los años ochenta, empezaron a
multiplicarse las mezquitas. Grandes templos. Llegaron
imanes. Había mucho dinero. Gracias al petróleo. «¡La
religión del petróleo!», decía Ali en broma. Empezaron
a desaparecer los colores de las vestimentas. Había que
ocultar todos los tatuajes. A una de tus hijas le quedó da-
ñada la cara por esa imposición. Luego, hubo que poner
velos y vestirse de negro. No estaba bien visto compartir
amistad con los otros. ¿Los otros? Para ti, eran vecinos.

La mayoría de los jóvenes se cansaron. Hubo una
revolución democrática, pacífica, en 2011. Una primavera. La represión fue feroz. Empezaron a aparecer armas pesadas. Grandes todoterrenos. Destrozaron la naturaleza como quien quema una alfombra. Y tú decías:
«Ahora todo eso se va a llenar de cosas malas». Y llegó
un momento que solo había dos opciones: coger el chaleco de guerra o el chaleco de náufrago.

Estoy con tu hijo, Amina. Allí donde ve un vacío,
pinta un oasis.

Nanna y el mar

He conocido mucha gente que ama el mar como una *matria*.

Gente que nació con escamas, llevada por la madre en el canastro del pescado después de dar a luz en un camino solitario.

Gente para quien la misma barca fue cuna y ataúd.

Gente que naufragaba al pisar la tierra.

Que se ahogaba cuando estaba lejos del agua como quien respira por branquias.

Mis héroes son navegantes solitarios —de la estirpe de Joshua Slocum, que eligió el hogar universal de una balandra para olvidar el desamor; el enigmático Bas Jan Ader, que hizo de su adiós oceánico una obra de arte, o la muchacha Laura Dekker, nacida en un barco, que dio la vuelta al mundo a los dieciséis años— y que llevaban un pasaporte no impreso por ninguna burocracia, la proclama de Baudelaire: «¡Para siempre, si eres ser libre, amarás la mar!».

Y aún entre ellos, Ánxel Vila, patrón del *Xurelo,* que en 1981 se jugó vida y barco para impedir el vertido de residuos radioactivos en la fosa atlántica.

Conozco gente que sabe los nombres del mapa submarino, el poema infinito de la talasonimia, con sus valles, colinas, abismos, grutas, senderos, prados de luminarias, santuarios nupciales, *almeiros* de cría, paraísos de cardumen, pecios y naufragios, y las marcas del miedo, los infiernos del esquilme, la dinamita y las pestes químicas.

Sí, he conocido, conozco, mucha gente fascinada por el mar.

He leído noticias y he sido también testigo como periodista de algún primer encuentro. De gente muy mayor o muy joven que vivía esa experiencia por vez primera: la de poder ver el mar. Ese esperar a ver qué decían, cómo reaccionaban. Al acecho de la frase histórica que casi nunca se daba. Y echabas mano de un recuerdo de Galeano, el del niño que le dijo al padre delante del océano: «¡Ayúdame a mirar!». A veces, el momento cósmico se hacía cómico, cuando un pícaro del grupo rompía el encanto: «¿Cuándo podemos tomar el helado, profe?».

Pero ahora mismo, en la memoria, veinte años después, nada comparable a lo que ocurrió con Nanna Hatari. Tenía ocho años en el verano de 1996. Venía de los campamentos del exilio saharaui en el pedregal inhóspito de Tinduf, igual que otros miles de niños acogidos por familias españolas. Ella ya había nacido en la diáspora de un pueblo expulsado de sus hogares, de su país, en 1975, en aquella operación infame en la que se permutó el dominio y la potencia marroquí ocupó el lugar de España, que se desentendió de aquellos que hasta entonces consideraba compatriotas y que tenían su propia representación en las Cortes franquistas. Los saharauis quedaron abandonados a su suerte. Mantuvieron la dignidad en ese tablero infernal. Bombardeados con napalm, perseguidos por la maquinaria bélica pesada, proclamaron la República Árabe Saharaui Democrática el 27 de febrero de 1976, en Bir Lehlu, todavía en el Sahara Occidental. Se han cumplido cuarenta años. Y pese a todos los muros de cautiverio y silencio, sigue rechinando la injusticia en el calor del Sahara. Y en la costa, una incesante declaración de libertad.

En el éxodo participaron los abuelos y padres de Nanna Hatari, huidos de la costa, cerca de El Aaiún. En el desierto, en la inclemencia de Tinduf, a cientos de kilómetros, todas las noches Nanna oía hablar del mar. De alguna forma, oía el mar. El mar era el ser vivo, extraordinario, de un relato que iba más allá de la magia. Porque parte del hechizo del mar es que su realismo es mucho más potente que lo mágico. Habían ocupado su hogar, sus posesiones. Pero había algo indomable que no podrían capturar ni encerrar.

Para Nanna el mar era un mito y, a la vez, algo muy personal. Una pertenencia. El mar era suyo. Era inmenso, inabarcable, pero podría abrazarlo.

Cuando lo vio por vez primera, en la Costa da Morte, en Galicia, su reacción fue de una sorprendente serenidad. No sabía nadar, pero no parecía importarle. Su confianza en el mar era absoluta. Era frágil y flaca, pero ya con un aura que le permitía encararse con la Línea del Horizonte. Ella tomaba contacto por vez primera con lo imaginado. Y el mar parecía corresponderle: también la reconocía como parte de su imaginación. De su profundidad habitada.

En los dos veranos que estuvo con nosotros, Nanna no se separó del mar. Todo lo demás era secundario, o pasaba a serlo cuando, al fin, tomábamos rumbo hacia la costa. No parecía necesitar nada más. La felicidad es una de esas palabras grandilocuentes que tanto engaño suelen causar. Pero hay momentos en la vida en que le ves el rostro y la encarnadura a esas palabras esquivas y puteadas.

Recuerdo haber visto la felicidad hace veinte años. En aquella niña saharaui llamada Nanna y en el mar de espuma que la abrazaba. Y eso, la vuelta al mar, es un sueño del desierto que la Infamia no podrá borrar.

No apagaré la luz

—¡Esto sí que es economía sostenible, señor Basilio! —dice Antón al pasar por delante de La Diligencia.

Es lo que tiene la ironía, que siempre acierta.

Todo es un lento hundimiento en la comarca. O no tan lento. Incluso está pasando lo que nunca pasó: el abandono de las granjas con animales dentro. Una especie de deserción. Yo lo veo cada noche cuando subo a la Zona de Cobertura a hablar por el móvil con mi nieto, que anda por las fronteras. ¿Qué fronteras? Pues, eso, por ahí, por las fronteras. Aquí se van apagando los lugares. Deberían, deberíamos, dejar la luz encendida. Aunque en las aldeas no quedase nadie, dejar en las casas una lámpara encendida. Para que los animales del monte no se viesen solos. Para engañar al vacío.

Yo siempre dejo una lámpara encendida. Y cuando me vaya para siempre, ahí quedará, el recuerdo emitiendo diodos. Que le pasen la factura a los fondos europeos.

—¡Sí señor, una explotación sostenible!

Me alegra que Antón encontrase empleo en La Diligencia, la empresa de pompas fúnebres, que acaba de abrir el nuevo tanatorio, un edificio de arquitectura competente, sólido como una pirámide egipcia, a prueba de temblores de tierra. Porque aquí la tierra también tiembla. Toda eternidad tiene su grieta, decía Acisclo,

161

mi tío, mirando las altas cumbres de la sierra. Se marchó un día, un domingo temprano, lo estoy viendo, cuesta arriba, abriendo paso con una nube a la espalda. Iba hacia Asturias, a trabajar en la mina, y ya no volvió. A veces lo imagino atravesando algún desierto en la Antípoda, en Australia, con la nube a cuestas. Si Acisclo no hubiese desaparecido, quizás no temblaría la tierra. Él sabía la manera de tapar las grietas.

El caso es que Antón, el chófer de La Diligencia, del furgón fúnebre, fue colega en Barcelona de mi nieto Benjamín. Tocaban en un grupo de música que se llamaba Shangai, que era el nombre que le puso la gente al tren que unía Galicia y Catalunya, el Atlántico y el Mediterráneo. El grupo era de *heavy-metal,* como el tren. Antón y Benjamín cayeron y se levantaron juntos. Cuando cayeron, cayeron de verdad. Yo los vi caer más debajo de la tierra. Alguien llegó un día a la panadería y me avisó: «¡Señor Basilio! Su nieto y el colega están ahí tirados, en el pedregal, sin sentido!». Los tuve un tiempo en mi casa. Acolché la habitación. Cubrí el suelo y las paredes de colchones de espuma. Cerré el cuarto con llave. Mi mujer, Cruz, había muerto, pero hubo gente que me ayudó. En Nou Barris había mucha ayuda mutua. Esta vez no le dije nada a los padres: también ellos andaban con sobredosis de angustia.

Fue Antón quien me dijo:

—¡Usted no abra la puerta, ni aunque se acabe el mundo!

Lo habían intentado varias veces antes, pero el *caballo* siempre volvía. Esta vez aguantaron. No sé cómo. Pero aguantaron.

—¿Cuánto tiempo pasó? —preguntó Benjamín.

—¡Trescientos años!

En Nou Barris se engancharon a una droga invencible: el circo. En la escuela de Circo del Ateneo. Benjamín expulsó la bola de espinas que llevaba dentro. Como payaso, se bautizó con el nombre de Shangai, y es tan bueno, tan ferozmente cómico, que nos hizo llorar a todos. Ahora anda en Payasos sin Fronteras. Antón se hizo un maestro de malabares y un admirado *empassafoc,* un artista en echar fuego por la boca.

Es otra droga, muy antigua, la que lo mantiene desde hace dos años en esta tierra montañesa donde nacieron sus padres. Lo que iba a ser un viaje de vacaciones, de reconocimiento, se convirtió en una nueva vida. Llegó en verano en el coche del padre, un taxi jubilado que todavía se conservaba pintado amarillo y negro. Y un día se encontró en la pista de montaña con una furgoneta blanca conducida por Estela, que iba haciendo el reparto de comida por las pocas casas habitadas, y por personas, como decía ella, de «edades bíblicas».

Antón supo todo eso después, pero cuando tuvo que detenerse en la pista, porque no había paso para dos coches, lo único que sabía de Estela fue lo que sintió en el paladar. Así me lo dijo. Bajó él. Bajó ella. Alguien tenía que dar marcha atrás. Estaban varados en la remota altura. Desde aquel acantilado de montaña se puede ver la curva de la tierra. Lo que Antón sintió en el paladar fue el ardor del *empassafoc*. Así mismo me lo dijo. Que notó en la boca la memoria del fuego.

Todo esto me lo contó el primer día que vino a verme. Yo me había adelantado unos años en el retorno. Mi hijo trabajaba en un banco, no quería saber nada del pan, y cuando me llegó la edad vendí el local a una familia china. No hay nadie más en la aldea. Excepto los animales. Cada vez me entiendo mejor con ellos.

Ahora Antón vive con Estela, en la cabeza de comarca. Y encontró trabajo como chófer de La Diligencia. La víspera de la entrevista de trabajo, estuvo de visita y yo le aconsejé que llevase unos guantes para que así, de entrada, no le viesen los tatuajes de las manos. De vez en cuando, me viene a buscar y me lleva de paseo en el coche fúnebre. A mí y otros viejos de la zona.

—¡Debería cobrarles un óbolo, como el barquero Caronte!

Lleva el asunto con mucho humor. Pero hoy, además, está emocionado. Nos invita a su casa. Acaba de nacer una niña, Navia. La primera criatura que nace por aquí desde hace diez años. Habrá fiesta y él prometió que echará fuego por la boca.

Esta noche, subiré a la Zona de Cobertura y llamaré a mi nieto, el Payaso sin Fronteras, para que me cuente lo que de verdad está pasando en el mundo.

YO NO QUIERO TENER UN ENEMIGO

Homenaje a Catalunya

El miedo más humano es el miedo a ser abandonado. De repente, un lugar de encuentro, emoción y asombro puede convertirse en un deslugar, un vacío donde picotea la tristeza. Eso nunca ocurriría en las Ramblas de Barcelona. En la psicogeografía planetaria, un local universal. Uno de esos lugares únicos, trazados a la vez en el mapa de lo real y lo imaginario, que parecen concebidos para luchar contra el abandono. En la esfera hay puntos con esa luminosidad histórica, y que antes que nadie reconocen los ojos nómadas, náufragos y expatriados. Una identidad que dice: «Aquí nunca seréis abandonados».

Cuando se popularizó el grito *No tinc por!* («No tengo, no tenemos miedo») no estaba convencido de que fuese un buen lema contra el terror. En la medicina popular, el conjuro para funcionar como remedio tenía que salir de las entrañas. Y en la primera reacción, lo que las tripas querían decir era: «¡Yo sí tengo miedo!». Hasta que sentías que el grito era tuyo, que funcionaba, y no como fórmula mágica o sugestión colectiva, sino como verdad solidaria. Lo que significa ese «¡No tenemos miedo!» de Catalunya es «Abrazamos la libertad». Sin tachaduras. Creo que es la herencia más útil y vigente de un auténtico liberal como Karl Popper. Una trampa mortal para la democracia es la de sacrificar libertades en nombre de la seguridad. Por esa senda se acaba con la libertad... y con la seguridad.

Sí, sin tachaduras. Me viene a la cabeza esta expresión por la accidentada historia de un libro célebre, el *Homenaje a Catalunya,* de George Orwell. La primera edición no censurada de esta obra imprescindible no se publicó en España hasta el año 2003. El primer intento para editarla fue en 1964, con la prohibición total de la censura. El editor Verrié volvió a intentarlo más tarde y la respuesta del censor es una de las cumbres del cinismo autoritario: «No debe autorizarse con tachaduras, [...] dejarían el texto resultante expuesto a constantes mentís de la prensa y radio extranjeras. Sin tachaduras tampoco cree el suscrito que deba publicarse en España tan dura diatriba contra el Régimen».

Un homenaje hoy a Catalunya sería agradecer la respuesta a ese totalitarismo *ex machina* del terror, aupando la libertad, sin tachaduras, sobre hombros solidarios. «El honor de un país», escribió André Malraux, «está hecho también de lo que da al mundo».

El ataque terrorista en el corazón central de Catalunya pretendía convertirlo para siempre en «un maldito sitio triste», que es como ve Dante el infierno. La gente reconstruyó el espacio cívico, se levantó del suelo. Catalunya volvía a ser el taller del *Homenaje.* Lo que ocurrió después no se puede ver solo como una lucha entre el nacionalismo de Estado y el de una nacionalidad que pretende constituirse como Estado. Creo que es fundamental un factor subjetivo: el hambre comunitaria en la gente ante la deconstrucción de los espacios solidarios y cívicos. Impropio de una democracia, no ha habido ninguna relación política, la creación de un medio ambiente de «confianza básica», sino medidas de intimidación y doma, que se resumieron en la inefable consigna: «¡A por ellos!». No proferida por un desaforado, sino de forma masiva en espacios donde se garantice ese bien público superior que es la seguridad.

Sin seguridad no hay libertad. La seguridad, sin libertad, es abuso. Y aquellos que administran la fuerza del Estado deberían prestar algo de atención a aquel genio jorobado de Tubinga, el matemático y físico Lichtenberg, que repetía en circunstancias apropiadas lo que le había dicho «bellamente» su amigo el filósofo Herder: «Se puede dictaminar como principio histórico que ningún pueblo que se niegue a ser oprimido es oprimido».

El cine y el cementerio

Hay frases felices en la literatura que, con la medida de un aforismo, tienen la dimensión de un tratado histórico. Una de ellas, en la literatura gallega, es la que dice un personaje llamado Vicentiño en uno de los relatos de *El acomodador y otras narraciones,* de Marcial Suárez:

—No hay pueblo en el mundo que tenga más iglesias por católico cuadrado.

El personaje se refiere a la villa de Allariz, donde están situados todos los cuentos del volumen, pero su frase alcanza un irónico sentido universal que haría sonreír a cualquiera persona en cualquier parte. En la India, en Arabia Saudita, Israel, por citar dominios de religiones diferentes, un personaje con el sentido del humor crítico del allaricense encontraría la manera de expresar la surrealista realidad de un mundo donde sigue rigiendo el «supermercado espiritual». Incluso en Allariz, ese lugar que vivió una revolución positiva, Marcial Suárez (1918-1996) podría hacer hoy la broma de «*outlets* espirituales».

Pero yo de lo que quería hablar hoy no era de iglesias, sino del cine de Allariz. De ese relato extraordinario, «El acomodador», que cierra el libro de Marcial Suárez. Como la mejor literatura, transmite una información esencial y una sabiduría tal que ya quisiera uno que funcionase la causalidad poética de que al ser leído en voz alta cambiase el modo de actuar de los que toman o se disponen a tomar decisiones en los poderes del Estado y que parecen dictadas por la máxima de *Dura lex, sed lex* («Dura es la ley, pero es la ley»), pero que en la realidad parecen ajustarse más a otra que lleva a una deriva contraria: *Summa ius summa iniuria* («Suma ley, sumo perjuicio»; o incluso «La ley conducida al extremo puede causar una extrema injusticia»).

¿Y qué tiene que ver el cine de Allariz con todo esto? Pues es el lugar de la metáfora. Hay lugares, hay no-lugares, y hay el lugar de la metáfora. La metáfora de lo que nos está pasando.

En precario resumen, y dispensando, esta es la historia. El acomodador de Allariz, Emilio O Macabeu, parecía un buen tipo. Serio, pero para nada gruñón ni agresivo. Para ganarse la vida, compartía ese oficio de acomodador con el de enterrador. Acomodaba en el cine y acomodaba en el cementerio. Él se preocupaba por toda la gente que solía asistir a las funciones. Uno de los días de proyección, a la hora del comienzo, faltaba un habitual, Ricardiño, un señorito, y su hermana avisó que ya estaba llegando, que había ido a buscar a su novia. Pero pasó el tiempo, y no llegaba. El público del gallinero, en su mayoría jóvenes, y más que nada para entretenerse, entonó el clásico:

—*¡Que-sem-pie-ce! ¡Que-sem-pie-ce!*

El acomodador intentó poner orden, pero la protesta continuó. Hasta que soltó la rabia que llevaba dentro y los trató de «salvajes» y «bestias». Los ánimos fueron calentándose y lo que era una simple protesta derivó en tremendo rebumbio. Macabeu, ese día, y los siguientes,

171

fue expulsando «disidentes». Y desde el público, también le hicieron alguna trastada que lo cabreó todavía más. Hasta que un día, con el cine casi vacío y con un silencio mudo, antes de comenzar la película se oyó una voz:

—¡Macabeu, has hecho del cine otro cementerio!

Como los tiempos algo cambian, ahora Macabeu está empeñado en hacer del cine una cárcel.

Contar votos y no enemigos

Enfadarse es un magnífico derecho democrático. Quiero poder ejercer ese derecho. El derecho al enfado. Pero me enfada que los políticos busquen mi enfado. Me molesta e inquieta que los políticos fomenten el enfado y lo exploten luego como una propiedad particular.

No quiero tener un enemigo. No quiero que un líder político, quien sea, me endose un enemigo. Por lo visto, resulta inevitable que algunas personas vean a otras como enemigos. Suele ser un problema de menú del día: odio procesado o grasa fanática. Es un fastidio tener que cargar con un enemigo no querido, sobre todo si es un peso pesado, pero se soporta si no se hace presente la violencia o la grosería.

Siempre será mejor un *amour fou,* un amor loco, que para los surrealistas era el encuentro a la vez de lo fausto y lo infausto. Pero descubrir un enemigo *fou,* alguien que te odie apasionadamente, es también un proceso curioso, como una de esas intrigas en las que te ves implicado sin querer. Intentas buscar el *macguffin,* esa clave misteriosa que Alfred Hitchcock introducía en sus filmes, y resulta que el *macguffin* eres tú.

¿Quién no ha oído de cerca alguna vez ese zumbido tan especial que produce el engranaje de un odio inexplicable? Curzio Malaparte bromeaba sobre esa antropofagia en el mundo literario: los escritores contemporáneos no se leen los unos a los otros, sino que se vigilan. Recuerdo dos experiencias infaustas y divertidas en las que sentí ese retintín inconfundible de quien trata como un odioso enemigo. En una ocasión, viajaba en un autobús por Asturias. Era temprano e iba adormilado, a pesar del volumen tronante de la radio que había elegido el chófer. De repente, oí mi nombre. Sí, en la radio. El entonces capellán locutor de la radio obispal, Jiménez Losantos, arremetió contra mí, tras ubicarme en Cuba, en un evento cultural. Yo he estado en Cuba, lo confieso, incluso antes que John Kerry. Pero en aquel justo momento me encontraba en un autobús en Asturias, dando tumbos por la montaña. Me entraron ganas de gritar: «No hagan caso, ¡estoy aquí!». Pero aquella embestida tuvo el efecto benéfico de situarme en la realidad: nadie escuchaba el engranaje del odio. En el otro recuerdo, estoy atónito delante de una pantalla de televisión. El presentador de un programa cultural, en Telemadrid, Sánchez Dragó, agarra en sus manos una novela, ¡mi pobre novela *Los libros arden mal!*, y la arroja, a falta de llamas, a una papelera, haciendo alusión a mi naturaleza piel roja. Tal cual.

Dicen que un auténtico enemigo es aquel que no te abandona nunca. En mi caso, por suerte, no son auténticos. Estoy convencido de que, en el fondo, uno y otro me querían echar una mano.

El enfado, el odio, la creación del enemigo son procesos realmente perturbadores cuando interviene en ellos la maquinaria pesada del poder. En una verdadera democracia no se cuentan enemigos. Se cuentan votos. Y un problema democrático tiene siempre una solución: más democracia.

Algunos de los mejores reportajes de la historia, con trasfondo político, son los que escribió Norman Mailer en una época especialmente convulsa de Estados Unidos, en 1968, con el país ferozmente dividido por la guerra de Vietnam. El año en que fueron asesinados Bobby Kennedy y Martin Luther King. Esos trabajos geniales de reportero figuran en el libro *América*. En uno de ellos, «La propiedad», Mailer dialoga con un político entonces muy relevante, el senador demócrata Gene McCarthy, célebre por sus discursos antibelicistas.

El senador y el escritor hablan sobre el enfado.

«Enfadarse cuando uno desea enfadarse es un don», dice Gene McCarthy. Mailer responde: «Una gracia, diría yo, señor». Pero este McCarthy, también poeta, de origen irlandés, no se queda corto en ironía: «Luego debe uno preguntarse si es necesario hacer que la gente se enfade. Una vez provocado el enfado, hay que volver a tranquilizar a la gente. No es tan fácil».

Tenemos derecho a enfadarnos, pero no deberíamos obedecer la orden de enfado general emitida por hombres con responsabilidad de poder. Como tampoco debemos aceptar que nos dividan entre amigos y enemigos debido a una discrepancia, por grave que sea, pero que tiene solución democrática. En España, en Catalunya, frente a la subpolítica del enfado, tenemos derecho a la política del acuerdo.

Salir del pozo

Hay un principio que debería regir la sensatez política y todas las sensateces: si caes en un pozo, no sigas cavando. Salvo que te dediques a la arqueología.

Estoy en un centro comercial, en un espacio de aparatos electrónicos, y las paredes son grandes paneles de televisores. Hay bastante gente, pero nos movemos en silencio, con cara de cíborgs a la búsqueda de implantes. En todas las pantallas, sin voz, se multiplica una imagen. La de un político catalán, Oriol Junqueras, caminando hacia el tribunal. Las televisiones repiten la toma una y otra vez. Puede leerse la noticia en subtítulos. La Sala de Recursos del Tribunal Supremo rechaza su petición de quedar en libertad y lo devuelve a prisión.

Es un día festivo, de Navidad, y estamos afanados a la búsqueda de herramientas mágicas. No sé lo que piensan los demás de lo que muestran las pantallas, pero yo me siento como un cíborg perplejo. No por esto y lo otro, sino por todo esto. Un cíborg unamuniano al que le duelen Catalunya y España, sí, y Europa, y el cuerpo todo desde el Ártico a la Antártida. La realidad ha regresado desde el mundo virtual y somos nosotros los que vivimos en un mundo de ficción, queriendo creer que hay una especie de superinteligencia que, al margen de nuestras palabras y actos, restablecerá un orden racional y, por decirlo así, todos los ordenadores encontrarán su cerebro. Pero la realidad sigue moviéndose, creo que con desinteligencia, y cada vez se aproxima más a aquella cita tan del gusto de Borges: «¿Qué es la vida? ¡Una maldita cosa detrás de otra!».

Dejo mi momento cíborg, salgo de esa permanente navidad del «solucionismo tecnológico», y, claro, me caigo en el pozo. Es el espacio real, el pozo. Hay quien piensa que solo Catalunya es un pozo. Pero es un pozo más grande, que nos implica a todos. Salir de ese pozo es una prueba decisiva para la democracia.

Palada a palada, se ha perdido la capacidad de escucha. La simple conversación parece hoy una utopía. Y es algo inexplicable, pero también a lo inexplicable hay que buscarle una explicación sin esperar al Juicio Final. Hay un problema de sectarismo político, cuando los partidos se comportan como facciones que confunden su afán particular con el interés de las mayorías. Pero, sobre todo, hay un serio problema de agarrotamiento en los protagonistas que dominan el escenario. Recuerdan a un tipo de gente que definió con gracia Charles Dickens: «Hay hombres que parecen tener solo una idea y es una lástima que esa idea sea equivocada».

Aquí la idea equivocada y compartida es el conformismo. Cada uno con el suyo. Ese acomodarse a la fatalidad de que después de una cosa vendrá otra maldita cosa.

Es también común el lamento por la fractura en la sociedad, pero una sociedad compleja y avanzada no se encona de repente. Y sería ingenuo pensar que esa fractura se limita a Catalunya. Entre lo uno y lo otro, y dentro de lo uno y lo otro, hay una inmensidad de matices. Hay un momento fronterizo, de fracaso, y es cuando el exabrupto sustituye al argumento. Esa corrosión del lenguaje acaba por imponer la dialéctica amigo o enemigo. El imperio del exabrupto impide la ecología de las palabras, espanta toda sutileza. Ese estado de malquerer es un fracaso de la política. Pero sobre todo, cuando el lenguaje se desalma, es una derrota de la cultura. Es el momento de los *procustes*. Era este, Procustes (El Estirador), un posadero griego que tenía un método infalible para encamar al viajero. Si era alto, le serraba las piernas. Si era bajo, lo estiraba a la fuerza. En ciencia, hacer la «cama de Procustes» consiste en la deformación de la realidad para que se ajuste como sea a la propia teoría.

Es un error intentar solucionar el problema catalán con la cama de Procustes.

Para salir del pozo, en lugar de conformar la realidad a nuestra medida, podríamos intentar una modesta revolución óptica. Ver la realidad de otra manera. Por ejemplo, que el contencioso de Catalunya se dirime entre posiciones que se definen como demócratas, que defienden la libertad y que abominan de la violencia. Eso debería considerarse una bendición. ¿Qué más se necesita para retomar la escucha y llegar a un entendimiento básico?

Que ningún Procustes nos robe la esperanza. Después de una cosa, puede venir otra cosa y que no sea una maldita cosa.

EL LUGAR
DE LOS
PORQUÉS

La conspiración de los huérfanos

¿Quién está para risas? Al igual que las luciérnagas, las mariposas, los saltamontes, los grillos, los insectos todos de la infancia están en proceso de extinción, también hay rachas de brutalidad en las que el humor, como la libertad, parece empujado a desaparecer del cuerpo del lenguaje. Pero el humor, como los ortópteros, actúa como un detector. Recría en las entrañas del dolor.

Octave Mannoni lo explicaba así: «El modelo de la situación que provoca risa sería, por ejemplo, lo que sucede cuando alguien saca un revólver del bolsillo, aprieta el gatillo... se abre el arma y esa persona nos brinda un cigarrillo porque tal revólver solo era una pitillera de un modelo demasiado fantasioso. Cabría entonces suponer que un juego de palabras, un lapsus, tienen algo inquietante y que la risa es producto de tal inquietud».

Aletea en las manos como un lepidóptero o un petirrojo. Es un libro que envía el pintor Yves Berger. Se trata de *Confabulaciones,* la última obra que dejó lista su padre, John Berger. Y lo primero que leo al abrirlo es algo que me causa inquietud y risa: «Propongo una conspiración de huérfanos. Intercambiamos guiños. Rechazamos las jerarquías. Damos por asegurado que el mundo es una mierda e intercambiamos historias sobre cómo logramos arreglárnosla pese a todo».

¿Cómo hablar a la infancia? Pienso en esa pregunta que impulsó la búsqueda de Françoise Dolto, la psicoanalista conocida como la «curadora de la educación», y que dio lugar a una obra asombrosa, construida con palabras que creaban hechos. Así como escribió los volúmenes de *Tout est langage (Todo es lenguaje)*, dijo por radio a padres y madres lo antes inaudible sobre la infancia (emisiones France Inter) y en 1979 abrió La Maison Verte (La Casa Verde), un lugar de acogida para bebés y padres sin hogar.

La respuesta de Françoise Dolto era: «Decir la verdad». Y tan importante como el hablar verdadero era la manera en que se transmitía: hablar «con» la infancia y no solamente «a» la infancia. Parece un método sencillo, pero no hay más que ver lo que está pasando con el lenguaje de los adultos en España, a la hora de abordar los grandes problemas colectivos, para mostrar hasta qué punto la verdad es maltratada. Cómo se va intoxicando el lenguaje en sucesivas oleadas de mentiras con un efecto semejante a gotas de arsénico.

Mentir y mentirse es, a la larga, inútil. La inutilidad del engaño. «No se puede mentir al inconsciente», decía Dolto, «porque él siempre sabe la verdad». Los niños detectan muy pronto «el acento de la verdad». ¿Y nosotros? Estamos viviendo una crisis de los espacios comunes, del contrato social, una erosión de los afectos, de la confianza básica, que en gran parte tiene su origen en esa pérdida de olfato de la verdad. El primer paso para desinstalar los engaños es hablar «con» el otro, y no solo «contra» el otro.

Nos preguntamos cómo hablar con los niños, cómo tratar a la infancia. Es una cuestión obsesiva en muchos padres. No me extraña. La asignatura pendiente en España es cómo hacer que se hablen y se escuchen los adultos, empezando por quienes gobiernan. Salvo que se piense que la boca es para callar.

Hay «bocas» en la naturaleza que se están silenciando para siempre. En *Adiós a los insectos de tu infancia,* un gran reportaje publicado en *El País,* Javier Rico transmite ese tipo de información esencial que devuelve la necesidad de existir al periodismo. Una verdad para contarnos y contársela a los niños. La desaparición de un mundo presencial que solo verán en las pantallas o en los dibujos animados. Los adultos podemos enfrentarnos a un libro que hace sentir y pensar: *Animales y racionales en la historia de España,* de varios autores y con edición de M.ª del Rosario García Huerta y Francisco Ruiz Gómez. Una obra necesaria, que retumba en el vacío histórico. Un libro para decirnos verdades que se callan. Una historia de España que alegraría la vida a Jovellanos, uno de los pioneros en la denuncia del maltrato animal. Y al propio rey ilustrado Carlos III, que prohibió las corridas de toros, reintroducidas al mismo tiempo que la Inquisición por el absolutista Fernando VII. Pero hoy las corridas de toros son Bien de Interés Cultural. Es la «modernidad regresiva», que diría John Gray en *El silencio de los animales.*

También ellos, los animales, deberían tomar parte en la conspiración de los huérfanos.

Los rompedores de huevos

Las frases más terribles son tal vez las que disimulan la crueldad de su intención con una apariencia de simpleza, de observación banal, como aquella que estremeció al psiquiatra y escritor Carlos Castilla del Pino: «Yo creía que este hombre habría pasado ya a mejor vida». Algo así, apoyando el tono histórico en los colmillos, podía significar una condena a muerte. A esta escuela peligrosa pertenece un proverbio que, con su envoltura de lógica campechana, se adapta a todos los abusos: «No se puede hacer una tortilla sin romper huevos».

Esta, la de romper huevos, era una de las metáforas favoritas de Goebbels, el jefe de propaganda nazi, en sus arengas radiofónicas. Pero también parece que era una de las preferidas en el refranero estalinista. El escritor rumano Panait Istrati, un revolucionario honesto, conocido como «el Máximo Gorki de los Balcanes», viajó a la Unión Soviética a finales de los años veinte. Ya había comenzado la época de las grandes purgas, que se llevaron por delante tanto a los opositores como a los mejores bolcheviques. Los juicios, cuando se celebraban, tenían la forma amañada de los autos de fe del Santo Oficio de la Inquisición. A Istrati le llegó el hedor de las cloacas del régimen y no se tapó las narices ni miró hacia otro lado. El comisario encargado de despejarle las ideas utilizó un argumento que creía definitivo. Por su-

184

puesto: «No se puede hacer una tortilla sin romper huevos». Y cuenta el filósofo Slavoj Zizek que Istrati respondió: «Muy bien. Veo perfectamente los huevos rotos. Pero ¿dónde está la tortilla?».

El premio Nobel de la Paz de 2017 fue para la Campaña Internacional para Abolir las Armas Nucleares (ICAN, en siglas en inglés). Es una iniciativa que une a cientos de asociaciones pacifistas de un centenar de países. Ha conseguido que muchos Estados se sumen a un tratado para la prohibición total del armamento nuclear. Parece más que una utopía en tiempos de distopía. Los países que sí cuentan con arsenal atómico no están por hacer una buena tortilla, a pesar de la cantidad de huevos rotos y antes de que sea imposible. El siglo xx ha sido un maldito siglo de huevos rotos. La creación de Naciones Unidas y la Declaración Universal de los Derechos Humanos pudo ser el comienzo de una magnífica tortilla. Había huevos rotos por todas partes. Hasta que la Industria de Huevos Rotos se puso en marcha otra vez con la «guerra fría». Volvieron rachas de esperanza, algo de esperanza, con gente como Olof Palme, Gorbachov, Isaac Rabin y Obama, por citar líderes que llegaron a gobernar. Pero también a la esperanza le rompieron los huevos. Volvemos a vivir tiempos en que domina el pensamiento peligroso de los fanáticos. El Nobel de la Paz, en esta ocasión, no ha sido una condecoración de metal falso. Ha hecho algo más visible lo que no está «bien visto». El activismo ciudadano por la paz en unos tiempos de alocado incremento de la producción armamentística, negocio siempre unido a la producción de odio, como el proyectil necesita la espoleta. Pero el camino hacia el horror siempre está pavimentado por el asfalto de la indiferencia de una mayoría. «Todo lo que la tiranía necesita para afianzarse», advirtió Thomas Jefferson, «es que la gente de buena conciencia permanezca en silencio».

Hablar hoy de un horizonte próximo de guerra nuclear no es abonarse al apocalipsis. Es una alerta razonada, pero con eco muy minoritario en las élites que gobiernan el mundo. Es sorprendente que haya sorprendido tanto este Nobel de la Paz. Lo que dice Beatrice Fihn, directora de la Campaña Internacional para Abolir las Armas Nucleares: «Nos encontramos en un momento crucial, el riesgo de guerra nuclear está otra vez en la agenda».

Sin saber muy bien cómo ha ocurrido, estamos sufriendo un proceso de descivilización. Esa sensación de que el planeta está en manos de una tiranía difusa, de varias caras, pero en que los tiranos, los que se comportan como tales o aspiran a serlo, tienen en común su condición de rompedores de huevos. No venimos precisamente de un pasado edénico, pero es desolador que se multipliquen los mandamases con ese perfil. Y lo que es peor: el estilo cunde, se extiende más allá de la política. Hasta en la gastronomía triunfan los rompedores de huevos incapaces de hacer una tortilla.

El arte de fracasar mejor

Lo he vuelto a ver. Ese clásico. El dueño del balón, enojado por no ganar, suspende el partido. Esta vez en la playa, convertida en un escenario de la humanidad. Es fascinante la rapidez con que la gente se despoja de ropa y convenciones nada más pisar la arena. Esta temporada, para mí, la gran novedad es la explosión de tatuajes. Yo, que soy de puerto de mar, me siento acomplejado, como quien lleva una piel de otro tiempo, un pergamino viejo añorante de una sirena, un pájaro o un ancla. Pero tampoco me maravilla lo que veo. Hemos entrado en la fase industrial del tatuaje y hay cuerpos desaparecidos en el propio adorno, donde echas de menos la geografía primitiva. La buena música exige silencios magistrales y en un buen relato es fundamental lo que no se cuenta. En la actual moda *tatoo* es tal la tendencia a la saturación y extensión de mancha que cuando llegas a la dentadura original te parece una pieza de Marcel Duchamp. En su fase marginal y artesana, el tatuaje desprendía historia y aura. Brotaban laboriosamente en la piel de los perdedores. Ahora son, sobre todo en los deportes, adornos de vencedores. Su único mensaje es el triunfo.

Los chavales que jugaban al fútbol en la playa todavía no estaban tatuados como gran parte de los jóvenes bañistas, chicos y chicas, y muchos adultos. Al principio, jugaban, se divertían. Había risas y bromas, y nadie hablaba de penalizar los fallos. El campo era la parte más despejada de la playa, con límites difusos y dos porterías harapientas. Un partido de métrica libre, en el que la misión principal parecía alegrarle la vida a la pelota. Hasta que empezó a imponerse un tono de voz que apelaba al reglamento. Se marcaron líneas y áreas. El juego empezó a enconarse. Los cuerpos se tensaron. Surgieron las órdenes de mando, que no siempre procedían de los más eficaces. Hubo choques. Una atmósfera de sudor y hostilidad. Y entonces fue cuando alguien declaró el penalti.

El que se disponía a ejecutar el máximo castigo tomó distancia e imitó la pose de algún ídolo ante el momento histórico. Por su parte, el muchacho que hacía de portero no parecía consciente del acontecimiento. Tenía el pelo largo y las greñas no parecían molestarle la visión. De repente, se giró, enseñó el trasero, y la pandilla volvió a reír. Fue entonces cuando el ejecutor tomo velocidad y largó un cañonazo. Hubo unanimidad en la playa. Se oyó un colectivo: «¡Fuera!». Eran unos niños, pero la rabia del tirador no tenía edad. «¡Golazo, fue un golazo por la escuadra!». No había escuadra. Había trazado él una portería invisible. Enrojecido, no soportó las risas. Si pudiese, habría declarado clausurada la playa. Porque él era el dueño del balón. Corrió a por él y marchó sin mirar atrás, soltando maldiciones que el mar ahogaba.

Apareció pronto otra bola. Y volvió el juego despreocupado. Pero yo me quedé mirando a aquel muchacho que se alejaba con el balón bajo el brazo. Iba del presente al pasado y volvía. No era una excepción ni un bicho raro. Acababa de representar el papel principal. El guion dominante en los deportes, en la política, en los negocios, en las relaciones de pareja. Existir es ganar. Y solo existes cuando ganas. La identidad más ruidosa tiene el formato deportivo, en su sentido más banal. Cuando se pierde, nadie sale a la calle con las banderas y jaleando a su equipo. Y esa mentalidad competitiva va contagiando todo el lenguaje. En este estado permanente de prórroga electoral, los discursos políticos partidarios se asemejan cada vez más a los que caldean los derbis futbolísticos. El objetivo ya no solo es dominar, sino también humillar al contrario.

Y sin embargo, lo mejor de la humanidad, el hábitat germinal del saber, es el fracaso. Samuel Beckett, que siempre iba más lejos, formuló el desafío con una naturalidad sobrenatural: «Hay que fracasar mejor *(fail better)*». Nos lo recuerda George Steiner en *Un largo sábado,* libro de conversaciones con la periodista Laure Adler (Editorial Siruela). El gozo de un descubrimiento, al igual que nos sucede con el deseo erótico, consiste en querer empezar de nuevo. Nunca se salda gritando: «¡Campeones, campeones, oé, oé, oé!». Lo que él repite a los alumnos: «La próxima vez tratemos de fracasar mejor». Alguien debería decirle algo así a los dueños del balón.

Los niños de los móviles

El titular de la noticia local dice: «Un menor agrede a sus padres por no comprarle de regalo un móvil». Los detalles son deprimentes. El muchacho, de dieciséis años, en su furia, ha destrozado cuadros, muebles y enseres de la casa. La policía lo lleva detenido. La familia, lo sabemos, es un lugar de afecto, pero también un campo de batalla. En ocasiones, el peor, el más doloroso. Caen las vigas del cielo cuando se levanta la mano contra la propia madre. Eso inquieta siempre, pero también, en este caso, es perturbador el porqué la mirada ha elegido enfocar esa noticia entre muchas otras: el móvil es un móvil. Podría haber sido otra cosa, pero sabemos que ese móvil del móvil tiene algo especial. Es un aparato y, a la vez, un instrumento mágico. Nos arroja de bruces en la incertidumbre: estamos *empantallados* hasta las cejas y no sabemos cuánto de progreso y cuánto de pesadilla nos espera. Cuánto hay de carrera y de escapada en esta fascinación colectiva. Con el *smartphone* tenemos en la mano, por fin, la sensación de poseer la vara mágica de los cuentos.

Sin llegar a un extremo violento, ¿cuántas broncas no habrá habido, no hay cada día, por la posesión infantil de ese rey indiscutible? Sí, es inquietante, pero no tan sorprendente, pensar ahora en la imagen del adolescente enrabietado, fuera de sí, por pertenecer, en nuestro «primer mundo», a ese grupo marginal de los desposeídos del poder mágico. En el nuevo medio ambiente virtual, no tener un móvil, no estar metido en la pantalla, no estar en la carrera en las «aplicaciones», eso sí que es pobreza. En la sociedad *empantallada,* con televisión, móvil, tableta, ordenador, ¿quién quiere ser pobre virtual?

El infantil ya no es un mercado potencial, es el gran caladero. En ese «primer mundo», según Ofcom, casi un 90 % de menores de quince años tiene acceso a un móvil. En España, cerca del 30 % de niñas y niños de diez años. En poco tiempo, serán una excepción los adolescentes *desmovilizados.* Tal vez surja en el futuro algún movimiento de rechazo, de objetores del móvil. Conozco algunos jóvenes que ya lo son, esa ironía de Rebeldes sin Móvil. Pero la expansión es fulgurante, sin apenas límite. No tardarán en ser usuarios todos los niños *incunables.* Dicho en el sentido de la greguería de Ramón Gómez de la Serna sobre los libros *incunables*: los que no se pueden leer en la cuna.

El caso del chaval enfurecido es noticia no solo por su actitud. Detrás del suceso está la historia real de la brecha virtual. La madre, entre sollozos, explicó que quería pero no podía comprarle el móvil por carecer de recursos. La gran brecha divide al planeta: la pobreza real y la virtual tienden a fundirse. Hubo un tiempo, en la época de *flâneur* (el maravilloso oficio de andar curioseando) de Charles Baudelaire, en que se puso de moda en París pasear con una tortuga de mascota. Ahora el móvil ha engullido a la mascota y al paseante. Es él el que marca el ritmo. El poder se mide por la velocidad de actualización y acumulación de aplicaciones.

La principal explicación que dan la mayoría de los padres para comprar o facilitar el *smartphone* a niños de diez años o menos es la de incrementar su seguridad. No es una razón nimia. A lo largo de la historia, gran parte de los avances tecnológicos derivan de ese afán. Fíjense en la cerrajería, esa vanguardia en constante innovación. Pero también sabemos que hay seguridades muy inseguras. Aumentan los pequeños que sufren *nomofobia:* la angustia de estar sin móvil y no saber qué hacer. Creo que argumentan mejor los padres que facilitan esa tecnología a los menores con la intención de aprender de ellos. Es tener un máster en casa. Niñas y niños tienen en las manos una vara mágica, conectada a sus neuronas y a las yemas de los dedos. La mayoría de los adultos lo que tenemos es un cacharro con el que pelearnos con más o menos torpeza.

El problema es el fetichismo, compartido por muchos mayores y menores. Esa falacia de asociar *empantallamiento* con conocimiento. Hay comunidades donde se ha recortado en recursos educativos y que luego alardean de iniciativas «innovadoras» consistentes en repartir gratis tabletas al alumnado. La escuela debería ser declarada espacio libre de *empantallamiento*. El lugar donde se aprende a leer en sonda de profundidad y no en fragmentos superficiales.

En Tailandia, frente al último golpe de Estado militar, muchos jóvenes se manifestaron en protesta. Utilizaron los móviles para reunirse. Pero lo que de verdad desconcertó a los nuevos dictadores fue que enarbolaran libros, ejemplares de la novela *1984* de George Orwell. Eso sí que es un «terminal inteligente».

¡Es la cultura, tonto!

¿Cómo se arregla esto? Hay un lugar común: lo que falta en España es más cultura. Pero a la hora de la verdad, de concretar en programas y en presupuestos, ni una palabra sobre cultura. Por ninguna parte. Esto no es una llorada. Los grandes problemas políticos de España son, en el fondo, sí, problemas culturales y educativos. Parafraseando un histórico y exitoso eslogan de campaña («¡Es la economía, estúpido!»), podríamos por una vez apuntar sin complejos al corazón y a la cabeza: «¡Es la cultura, tonto!». O si lo prefieren: «¡Es la ignorancia, listo!».

A la vista de esta desatención general uno se imagina a los políticos en liza como los peces de la fábula de David Foster Wallace: «Hay dos peces jóvenes nadando y sucede que se encuentran con un pez más viejo que viene en sentido contrario y que les saluda con la cabeza y dice: "Buenos días, chicos, ¿cómo está el agua?". Y los dos peces jóvenes nadan un poco más y entonces uno de ellos se vuelve hacia el otro y pregunta: "¿Qué demonios es eso del agua?"».

Conocido con el título de «This is Water» («Esto es agua»), el discurso del escritor y profesor Foster Wallace en el acto de graduación de los estudiantes de Artes Liberales en el Kenyon College de Ohio, el 21 de mayo de 2005, ha adquirido la condición de un clásico en la agitación de las conciencias. Lo que Foster les dice a los estudiantes equivale a aquel verso inolvidable de René Chair: «Apresuraros a dejar en el mundo vuestra parte de maravilla, rebeldía y generosidad». El verdadero sentido de la educación no es la acumulación de conocimiento, sino el enseñar a pensar. La libertad que toma conciencia. Esto es el agua.

Con ese lema, «¡Esto es el agua, tíos!», me gustaría hacer una modesta proposición de programa cultural para todos los candidatos. Que tomen en consideración el manifiesto *La utilidad de lo inútil*.

El autor, el filósofo Nuccio Ordine, consigue sumergirnos en el agua de nuestro tiempo, hacernos sentir el desasosiego de cómo se nos está vaciando de lo más imprescindible para la existencia: «No tenemos conciencia de que la literatura, las humanidades, la cultura y la educación constituyen el líquido amniótico ideal en que las ideas de democracia, de libertad, de justicia, de laicidad, de igualdad, de derecho a la crítica, de tolerancia, de solidaridad y de bien común pueden encontrar un desarrollo vigoroso».

Se ha dicho muchas veces, y por gente de pensamiento diferente, a veces contrapuesto, que la mejor política cultural es la que no existe. Sería un buen axioma liberal, si viviéramos en el Belmonte imaginado por Shakespeare, donde se valora a una persona por la música que lleva dentro y no por el oro que exhibe, o en Theleme, la abadía soñada por Rabelais donde la ley es el amor y la regla «haz lo que quieras». Pero nuestra realidad se parece cada vez más a Coketown, escenario de los *Tiempos difíciles* de Charles Dickens, donde lo que no se pueda adquirir y vender a más precio jamás debería haber existido. Todo, también la educación, vendría a ser «pura cuestión de cifras».

De cultura se ha hablado poco, casi nada, en España, pero del ministro sí. Me refiero al simpar José Ignacio Wert, ahora flamante embajador de España ante la OCDE. Es más, pocas veces se ha hablado tanto de un (ex)ministro de Educación y Cultura. Y si ha resultado tan polémico, no lo fue por incapacidad, sino justamente por su eficacia en la misión encomendada. Habría sido un buen ministro en Coketown. Progresó una barbaridad el vacío cultural. Se achicó la educación pública. En tres años, la investigación retrocedió décadas. ¡La cantidad de agua que se perdió!

La disculpa del Gobierno fue la austeridad. Pero ese fetichismo, que nunca afecta, más bien al contrario, al patrimonio de los que predican, tiene un efecto tóxico sobre órganos vitales de la sociedad. Un infarto de las almas.

En *La utilidad de lo inútil,* Nuccio Ordine rescata un discurso de Victor Hugo, pronunciado ante la Asamblea Constituyente de 1848, en el que sale al paso de la falacia del ahorro estatal cuando se trata de recortes en las actividades culturales y la instrucción pública. Es la crisis, le dicen, no hay otro remedio. Y Victor Hugo se revuelve contra los profesionales del Dogma del Recorte Inevitable: «¿Y qué momento escogen? El momento en que son más necesarias que nunca, el momento en que, en vez de limitarlas, habría que ampliarlas y hacerlas crecer [...]. Haría falta multiplicar las escuelas, las cátedras, las bibliotecas, los museos, los teatros, las librerías». Y le pone un nombre a esa presunta política de ahorro: es la política de la Ignorancia.

Espero que en las campañas del futuro se le pregunte con insistencia a los candidatos por la cuestión esencial: «¿Cómo está el agua, señores?». Y me apuesto las branquias a que alguien pregunta: «¿Qué demonios es eso del agua?».

Nosotros no somos racistas

Carlos Arturo Sánchez Rojas está a punto de dejar el fútbol.

Creo que es una noticia que debería abrir las secciones de deportes en toda España. Son muchas páginas y horas y horas de televisión y radio las dedicadas al fútbol. Es un tiempo que ha adquirido el estatus de sagrado. Inamovible. Nadie interrumpiría una retransmisión deportiva ni siquiera para informar de que el presidente del Gobierno español ha dejado de ver el semanal *partido del siglo* para acudir a un estreno de teatro.

Tal vez no han oído hablar nunca del futbolista Carlos. No es una figura. No es una estrella. Juega en un equipo gallego del Grupo 5 de Primera Regional. Pero que Carlos deje el fútbol es una pésima noticia. Para él, para el fútbol español y para todos nosotros. Para la sociedad entera. Lo deja porque no soporta más racismo.

Pertenece a ese fútbol de clases subalternas, en primera línea de un territorio de riesgo. Exponiéndolo todo. Es un trabajador del balón, sus piernas no están aseguradas, pero sus goles pueden tener esa belleza de quien arranca un matiz insólito a la ley de la gravedad. Él no aspira a un balón de oro, sino a un «minuto de oro», ese instante en que los náufragos visualizan el sueño del rescate, el fin de la pesadilla. Desde que comenzó a jugar al fútbol, en infantil, Carlos supo que tenía que bregar no solo para ganar el partido, sino para poner fin, cada tarde de domingo, a la pesadilla.

La pesadilla de Carlos no está en el campo de juego. Ahí es feliz. Ahí puede pelear el balón. Abrir un vacío y zafarse por él. Ese placer rítmico de hacer real la combinación ensayada. La pesadilla está al acecho, pegajosa, entre el público. Carlos nació en Barranquilla, Colombia. Emigró de chico con su madre, casada con un español. La pesadilla lleva 22 años agrediéndolo. Insultándolo por el color de la piel. Al principio, tenía la esperanza de que fuera pasajero, como un mal aire. Procuraba que los insultos no le impactasen. Que pasaran de largo. Pero la pesadilla seguía allí, perseverante. Podía ser una o multiplicarse en masa. Al salir del campo: «¿Nosotros? Nosotros no somos racistas».

Gente que no te conoce. Gente que no sabe nada de ti. Gente que dispara odio con la boca. Peor que una lesión en el campo, esa corrosión permanente del insulto que busca las entrañas.

«*Negro, mono, hijo de puta, negro de mierda...* llevo padeciendo insultos racistas desde que jugaba de infantil», le declaró Carlos Arturo Sánchez al periodista Pablo Penedo, de *La Voz de Galicia*. Y anunció que quería dejarlo: «Me asquea el fútbol. Es increíble que esto siga pasando en el siglo XXI».

Nunca hubo consecuencias. Nunca hubo una intervención oficial contra estas agresiones. El racismo es la causa principal de los incidentes de delitos de odio registrados en España, según datos del Ministerio del Interior. Pero el fútbol parece funcionar como un mundo aparte, un feudo con poderes inescrutables, un microestado dentro del Estado.

Los insultos racistas en las gradas, como los gestos y gritos simiescos para herir a un jugador, no implican solo a los autores. Si dentro y fuera del estadio hay silencio, suspensión de las conciencias e inacción de los poderes públicos, esos insultos van a formar parte de la composición de la atmósfera, son insultos que respiramos, que nos contaminan y envenenan el futuro. Hay señales de que el racismo, como la basura nuclear, puede expandirse de nuevo a una velocidad radioactiva. Poco antes de la transferencia de poder en Estados Unidos, toda una alcaldesa, Beverly Whaling, regidora de Clay, en Virginia Occidental, escribió en Facebook sobre Michelle Obama: «Ya estoy cansada de ver a una mona con tacones». No sé nada de esta Beverly. Seguramente tendrá una excelente opinión de sí misma, pero lo que expresa es un paradigma de la expansión del pensamiento sucio.

Carlos Arturo Sánchez dice que va a dejarlo. Que tira la toalla. Pero con su coraje le ha dado la vuelta al silencio. Ha roto la línea férrea de la pesadilla. A otros corresponde salir con decoro de esta vergüenza. Lo sabremos el día en que, nada más oírse un insulto racista, el juez del partido toque el pitido final.

¡Ven a disparar con nosotros!

¿Cómo es posible que la sucesión de masacres escolares en Estados Unidos no haya conmovido al país lo suficiente como para imponer el fin de la venta libre de armas?

Recuerdo una imagen de Jeb Bush en un mitin, en su época de gobernador de Florida.

Levantó un rifle ante los asistentes y gritó: «¡Esto es la libertad!».

Podría haber levantado un periódico.

O una barra de pan.

O la llave de un candado.

O para hacerla todavía más creíble, la libertad, ponerse un tutú de ballet y marcarse un giro apoyando una sola pierna: «¡*Voilà*, la libertad!».

Pero no, eligió un rifle para simbolizar el más precioso don que nos han dado los cielos, por decirlo a la manera de Cervantes: «Con ella no pueden igualarse los tesoros que encierra la tierra ni el mar encubre».

Ahora Jeb es una de las personalidades que apoyan de forma más activa la iniciativa de ley *Stand You Ground*, que vendría a significar: «Defiende tus posiciones, ¡ni un paso atrás!». Esta propuesta poética y filosófica está promovida por la Asociación Nacional de Rifle (NRA), una de las entidades «culturales» de mayor influencia en los Estados Unidos.

¿Por qué un hombre adulto, un caballero educado, con principios religiosos, que no necesita cazar para comer perdices, alza a los cielos un rifle como símbolo de libertad? ¿Cuál es esa posición que se debe defender sin dar ni un paso atrás? Según un informe de la Academia Estadounidense de Pediatría, citado por la BBC, los impactos por balas son la segunda causa de mortandad infantil en el país.

Habrá quien considere un exceso irónico por mi parte vincular la Asociación Nacional del Rifle con la palabra *cultura*. En la memoria histórica española está muy presente aquel aforismo atribuido a Millán Astray: «Cada vez que oigo la palabra *cultura,* me entran ganas de sacar la pistola». Pero ese es el núcleo del discurso de la Asociación y de su poderosísimo *lobby* inflexible ante cualquier limitación en el supermercado armamentístico. Como el ilustrado Bush, lo hacen en nombre de la libertad, la cultura y la identidad *americana.* Se invoca como un mandamiento la segunda enmienda de la Constitución, «el derecho del pueblo a portar armas», redactada en una época en que ese pueblo defendía su independencia frente al viejo imperialismo británico. Pero que aquel pueblo utilizase armas en su revolución no significa que hiciese la revolución para que ahora los niños puedan celebrar su fiesta de cumpleaños en un club de tiro *(Shooting Birthday Party).* Ni tampoco para que la libertad consista en convocar a las masas en los polígonos de tiro y ante las armerías para celebrar el Día Nacional de la Apreciación de las Armas, donde los discursos y consignas giran alrededor de la brillante idea: «¡Ni un puto paso atrás!». Ni desde luego para que cualquier chiflado vaya al supermercado a por una calabaza y vuelva con un fusil de asalto en el carrito de la compra para celebrar Halloween con una masacre escolar.

En *Todos te quieren cuando estás muerto,* de Neil Strauss, el músico John Hartford contaba esta experiencia: «Una vez vi cómo un tipo se largaba de una taberna jurando que iba a buscar una pistola para matar al virtuoso del bajo Doug Dillard. A la mañana siguiente, leímos en el periódico que se había emborrachado, había cogido una pistola, regresó, pero al bar equivocado, y mató a un tipo que no conocía de nada».

El cabrón se había olvidado de a quién quería matar, pero no tuvo ningún problema para encontrar un arma.

Uno de los más perturbadores viajes virtuales es el que puedes realizar en la Red por los sitios de las asociaciones y clubes de tiro. Una extensísima Geografía del Disparo, con campos, polígonos, locales clásicos o de una tecnología muy sofisticada, donde pagas por ejercitarte y también, a la vista de los comentarios, por el placer de disparar. Hay mensajes que te hacen llorar, como el del hombre que nos relata una conmemoración entrañable. Veinticinco años después, invitó a su padre a volver juntos al club de tiro Stone Hart's Gun Club, donde el progenitor le había enseñado a disparar por vez primera cuando era niño. ¡Esos son recuerdos! En la publicidad del club, se informa que aunque no seas miembro ni aficionado al tiro, serás igualmente bien recibido: *So, Come Shoot with Us!.* Sí, ¡ven a disparar con nosotros!

Ahora que lo pienso, Jeb Bush podía haber izado un pequeño ataúd para gritar: «¡Viva la libertad!».

Nadie quiere ser turista

¡Por favor, un lugar que no sea turístico! Esa es la primera indicación que das o recibes cuando planeas un viaje en pareja o en grupo. A esa misma hora, es probable que docenas o cientos de personas claven sus ojos en esa misma ruta o destino y piensen lo mismo en voz alta: «¡Esta vez vamos a ir a un sitio en el que no haya un puto turista!».

El turismo fue considerado una bendición en países pobres. En un período de la triste historia, en 1959, el gran acontecimiento fue la visita del presidente Einsenhower, que le dio el espaldarazo internacional al dictador Franco a cambio de las bases militares, pero la verdadera celebridad popular sería el visitante que hizo el número de turista 1.999.999, que los contaba Fraga uno a uno. Había una canción dedicada a este alienígena providencial y que se tarareaba como un alegre himno estadístico. La prueba de que se trataba de un alienígena era su nombre: El Turista 1.999.999.

Es significativo que un baluarte del poder de la dictadura en los años sesenta fuese precisamente el Ministerio de Información y Turismo. El Turismo se convirtió en sinónimo de Optimismo. Los telediarios abrían con esas cifras triunfales del *milagro* turístico, pero nunca aparecían imágenes del envés: los trenes atestados de españoles en el éxodo emigrante hacia el *milagro* europeo. También existía el Emigrante 1.999.999.

El turismo aumenta, pero, a la vez, se ha vuelto algo muy antiguo. Uno de los sitios turísticos más decadentes son las *oficinas de turismo*. La gente procura evitarlas, no vaya a ser que te confundan con un turista. Y si entras, lo harás con disimulo, como quien se encuentra por azar y de repente en una cueva rupestre con muchos folletos del paleolítico.

Cuando viajas, puedes huir de muchas cosas, incluso de ti mismo, pero hay algo con lo que de ninguna manera deseas ser identificado. Ser un turista más. Tú eres un viajero, no un turista. Cada vez hay más turismo, pero nadie quiere ser turista. Por eso hay tantas variantes de turismo que se presentan como no turismo, e incluso contraturísticas. Pueden contratarse viajes a zonas de alto riesgo o de guerra. Nosotros, no tanto. Pero habíamos encontrado para la primera semana de julio una alternativa prometedora y cercana. La llamada Rota do Contrabando do Café, en la sierra de San Mamede, entre el Alto Alentejo y Extremadura. Una ruta agreste y con la naturaleza en vilo, en la que el andar se contagia de una memoria trepidante, de huida y vigilancia. Galegos, Pitaranha, Fuente Oscura, La Fontañera... Aldeas fantasmas, ocultas, al acecho. Lo habíamos conseguido. No nos cruzamos con nadie. Hasta que vimos a una pareja de guardias o *guardinhas*. Estaban a la sombra de un alcornoque, mientras pasábamos bajo un sol atroz. Saludaron. Los oímos murmurar: «*¡Pobres os turistas contrabandistas!*».

El filósofo Slavoj Zizek sostiene que los zombis son una representación de la clase obrera alienada. Creo que la condición zombi se manifiesta con plena intensidad en el momento de ser turista.

Te ven como turista, pero no lo eres. Y tratas de demostrar que no lo eres, turista, lo que facilita ser identificado como turista, pues turista es, en primer lugar, aquella persona que hace turismo sin que la tomen por turista. Casi todos estamos en ese empeño imposible. Intentaremos buscar un alojamiento para turistas que no parezca turístico. ¿Y para comer? Preguntamos, como buenos turistas, por un local de comida típica, auténtica, adonde, por favor, no vayan los turistas. Estamos atentos a los últimos rumores sobre playas. Parece que hay una, algo remota y escondida, donde no han pisado todavía los guiris. ¡Qué bien estamos los guiris allí donde no hay guiris!

Sí, el turismo de masas, su explotación, resulta invasivo y destructivo. Hay lugares en el mundo que un día fueron postal turística y que hoy son una piltrafa urbana. Lugares de placer y bullicio, ahora desolación. Pero no voy a ser yo quien cargue contra los turistas, esa clase obrera que trabaja también de vacaciones como turista y en precario. Al contrario, me sorprende y conmueve cada vez más ver a un grupo de turistas vestidos de turistas. Comiendo un menú turístico en un local turístico. Recorriendo museos y monumentos. Entrando en iglesias que ni el obispo visita. De estatua en estatua, a la espalda el peso de ser turista.

El funeral del robot

Tomo el ramal que me lleva a la autopista. Es un viaje que no quisiera hacer. Voy a las exequias de un amigo. Esta vez no me perdonaría llegar tarde. En vida, siempre le fui impuntual. Piso el acelerador, pero el coche se desplaza con melancolía, al paso de los abedules que hoy también peregrinan hacia el Sur. Mi amigo había pintado la naturaleza como un paraíso inquieto de aves exiliadas, árboles sonámbulos y humanos escondidos en su propio cuerpo.

En la radio comentan la noticia de la apertura de un hotel en Nagasaki, Japón, en el que todo estará gestionado por robots. Son los llamados *robots de servicio*. El recepcionista tendrá la forma de un dinosaurio velocirraptor. Además de hacer su trabajo, será una atracción. El propietario, que no es un robot, asegura que esa será la manera de «crear el establecimiento más eficiente y productivo del mundo».

En el peaje de la autopista, de ocho puestos, solo hay una cabina atendida por una persona humana. Dos funcionan por el sistema de telepeaje, y el resto son máquinas de cobro automático. La mayoría hacemos cola para pagar en mano y pasar por la cabina habitada. La empleada ni siquiera está disfrazada de velocirraptor. Pero no es una casualidad. En este y otros controles, ocurre lo mismo todos los días. Cuando se inauguró la autopista, todo el trabajo era, digamos, presencial. No daba tiempo para hablar del papel simbólico de Faulkner en *Amanece que no es poco,* pero sí para una queja, una pregunta o un saludo. En una cabina, todo rostro humano parece un retrato de Lucian Freud. Crea un lugar en ese deslugar que los técnicos llaman «playa de peaje». Cada año, fueron reduciendo el personal, desahuciando las cabinas. Durante el día, ya solo queda una. El acto de parar y ver un rostro humano al otro lado de la ventanilla tiene algo de ritual fronterizo, de detención enigmática del tiempo. Sea lo que sea, la mayoría de quienes conducen eligen esa opción de la última cabina humana. En esa elección hay un atisbo de desobediencia. Y el contar las monedas puede ser un gesto moral. ¿Adónde se va la gente que desaparece de las cabinas?

Ahora, a partir de medianoche, ya no hay nadie a quien dirigirse en la explanada del peaje. Solo máquinas con voz oxidada que te dan las gracias como quien escupe un sarcasmo. En las estaciones de gasolina, la voz automática de los surtidores suele ser más efectista. Parece programada para provocar un diálogo de serie B. Y te sorprendes a ti mismo en la noche mascullando lo irreproducible.

Tampoco hay nadie, ni de día ni de noche, en la mayoría de los aparcamientos. A veces, miles de personas, de la subespecie de los *usuarios,* sin un interlocutor. En el aeropuerto de la ciudad donde vivo había un empleado muy amable. Ahora, la pérdida de un ticket puede convertirse en un drama. Pulsas el botón y responde una voz que está a seiscientos kilómetros. Todos esos grandes aparcamientos son concesiones en suelo público. Son estos detalles los que muestran la servidumbre del poder político a los amos del dinero: ni siquiera son capaces de exigir un mínimo de empleos a quienes se les entrega el espacio urbano. Hay ciudades que puedes recorrer por rutas subterráneas, de estacionamiento en estacionamiento, sin encontrar ningún ser custodio. Quizás algún día habiten ese mundo subterráneo los recepcionistas robots velocirraptores escapados de la esclavitud.

Por una vez, cumplo con mi amigo. Llego al tanatorio con adelanto. Está también en un espacio fronterizo, en el extrarradio de Vigo, allí donde se suturan ciudad y maleza. Es la muerte lo que da vida al lugar en el deslugar. Al igual que ocurrió en otras decadencias, la arquitectura más vanguardista se da en las bodegas y en los tanatorios. En la explanada delantera, ajardinada, trabaja incansable un robot que corta el césped. Cuando llega al límite del perímetro, detecta el escalón, se detiene, gira y reanuda su labor de rasurar la hierba y mantener a raya la maleza insurgente. Por fin, llega la comitiva fúnebre. Durante un tramo, llevamos el ataúd a hombros. Caminamos, fuertemente callados, con la banda sonora del robot trillador de fondo. No parece que haya nadie con autoridad para pararlo. Lo miramos de reojo, con resentimiento, como reprochándole su vulgaridad. Si fuera un buen robot, debería poder detenerse e interpretar una canción portuaria, como *Dans le port d'Amsterdam,* de Jacques Brel, que era lo que le gustaría a nuestro amigo de despedida.

De repente, antes de entrar en la sala donde iba a tener lugar la ceremonia previa a la incineración, sentimos un chirrido y un golpe aparatoso. El robot cortacésped se había salido del límite verde, yacía volcado en el asfalto, y pudimos oír no sin pena su estertor de animal rumiante.

El robot de Faulkner

¿Cómo afrontar la Segunda Era de las Máquinas? En los comienzos de la Primera Era, la que se conoce como Revolución Industrial, hubo rebeliones de trabajadores que destrozaron las máquinas. En la historia tal como nos fue contada, ese movimiento, el de los luditas, quedó reseñado como una impotente embestida de parias cabreados contra el dios del progreso. En *Utopía para realistas,* un libro en el que las ideas parlotean con una libertad inquietante, el rompedor Rutger Bregman se pregunta: «¿Y si los temores de los luditas eran prematuros, pero en última instancia proféticos? ¿Y si a la larga la mayoría de nosotros estamos condenados a perder la carrera contra la máquina?».

En la Primera Era, pese al rencor de los luditas, arrojados a la intemperie, las máquinas eran recibidas con entusiasmo, y no solo por los fabricantes. Como proclamó Oscar Wilde, nacía una nueva civilización: la esclavitud humana era sustituida por la «esclavitud de la máquina». En la Segunda Era, la que estamos viviendo, la de la revolución cibernética y robótica, los nuevos cacharros podrán ocuparse de casi todas las tareas humanas, empezando por la guerra. He ahí un apasionante desafío para las próximas mil tertulias: definir lo que nos haría no prescindibles, además de tertulianos.

Hoy apenas hay luditas militantes. Pero alguno queda, como Jan Hein Donner. Preguntado por su estrategia para enfrentarse a una computadora, el ajedrecista holandés declaró: «Llevaría un martillo».

El nieto de Henry Ford, eufórico con sus robots, le preguntó al sindicalista Walter Reuther: «¿Cómo va a conseguir que estos robots paguen las cuotas sindicales?». Y Reuther le respondió: «¿Cómo va a conseguir que los robots compren sus coches?».

Los robots están capacitados para escribir esas obras transgénicas que etiquetan como *best sellers* ya antes de salir a la venta. Pero será imposible que escriban como Juan Rulfo o William Faulkner. A Faulkner le preguntaron: «¿Qué aconsejaría a los lectores que se quejan de no entender lo que usted escribe, incluso después de haberlo leído dos o tres veces?». Y él respondió: «Leerlo cuatro veces». Si a un robot hay que leerlo cuatro veces, habría que desatornillarlo de inmediato. Demasiado rebelde. No ha entendido que la libertad de expresión consiste en no ejercerla.

CUANDO LOS ANIMALES HABLAN

El Congreso y los animales

Hay noticias que llegan al Congreso español con cierto retraso. El reconocimiento del cambio climático se produjo cuando ya circulaban rumores de avistamientos de osos polares en Sanxenxo, donde veranea el presidente. Y se cuenta, con mucho sigilo, que, en la Comisión de Secretos Oficiales, la vicepresidenta informó de que un científico inglés había desarrollado una teoría de evolución de las especies, según la cual podría existir un cierto parentesco entre algunos primates y el *Homo sapiens,* tras lo que rogó: «¡Esto que no salga de aquí, por favor!». Pero la última noticia realmente sorprendente se produjo el pasado 12 de diciembre, cuando el Congreso aprobó por unanimidad, y cito textualmente, «considerar a los animales seres vivos y no cosas».

Este acuerdo del Congreso ha sido acogido con cierto alivio, y no sin ironía, entre las comunidades animales y las personas no humanas: «Más vale tarde que nunca». En serio, ¿cómo es posible que se haya mantenido durante tanto tiempo esa confusión, la consideración legal de los animales como simples «cosas»? La palabra «ley» está muy sacralizada. Pero hay leyes absurdas e injustas. Si se mantienen vigentes es por ignorancia o interés. O por una ignorancia interesada, voluntaria, que obtiene rentabilidad de esa injusticia. Y que no pocas veces disfraza la brutalidad con vistosas florituras culturales, apelando, por ejemplo, a la tradición. Pero las únicas tradiciones que valen la pena, como la risa transgresora del carnaval, son aquellas que liberamos de la jaula del conformismo.

«Hace 70.000 años, el *Homo sapiens* era todavía un animal insignificante que se ocupaba de sus propias cosas en un rincón de África», escribe Yuval Noah Harari en un libro que no necesita recomendación, *Sapiens: De animales a dioses,* pero que nadie debería perderse, empezando por los que van por la vida como dioses. Tras rastrear la descomunal aventura de la especie, y cartografiar el régimen de los *sapiens* en la Tierra, Harari introduce una pregunta que en toda su sencillez contiene una revolución óptica: «¿Hemos reducido la cantidad de sufrimiento en el mundo?». Y esta es su respuesta: «Una y otra vez, un gran aumento del poder humano no mejoró necesariamente el bienestar de los *sapiens* individuales y por lo general causó una inmensa desgracia a otros animales».

Esa «inmensa desgracia» causada a otros animales raramente figura en las historias humanas. ¿Cómo es posible tanto silencio? Ni una línea apenas en la historia convencional para hablar de la «inmensa desgracia»: de las masacres y el exterminio de las personas no humanas, de esos otros seres sintientes. Es urgente una revolución óptica en la forma de estudiar y contar esa historia oculta. Quienes ahondan en esa «inmensa desgracia», y denuncian la vigencia del maltrato, la explotación y extinciones provocadas, tienen que afrontar no pocas veces un chantaje intelectual, eso que podríamos llamar el *test de la ballena:* ¿Por qué te preocupas tanto por las ballenas, habiendo tanta gente que lo pasa mal? Así que el «acusado», si no quiere cortar la conversación, debe explicar que es un falso dilema. Pero este tipo cínico de interlocutor no suele darse por satisfecho. Y entonces te soltará que Hitler también era vegetariano y amaba a los animales.

Nuestro cínico, claro, ignora lo que sucedió con los animales en la época nazi. Entre las sucesivas imposiciones a los judíos, y que aparecen detalladas, por ejemplo, en los *Diarios* del filólogo Victor Klemperer, figura la prohibición de tener mascotas en casa. En versión de Esther Cohen, «perros, gatos y canarios corrieron la misma suerte que sus dueños». Fueron llevados de las casas que habitaban para morir en centros de exterminio preparados para ellos: «Estas mascotas "contaminadas" por la sangre judía no podían ser recogidas por ninguna otra persona, su destino final no podía ser sino la muerte».

Fue un episodio más, poco conocido, en la «inmensa desgracia».

Sí, la noticia de que los animales son «seres vivos» ha llegado al Congreso. Y nos alegramos. Hace muchos años, el gran demócrata e ilustrado Giner de los Ríos, fundador de la Institución Libre de Enseñanza, fue bastante más allá que los actuales representantes del pueblo español. En 1874 publicó un ensayo fascinante: *El alma de los animales*. Demasiado avanzado para nuestros tiempos. Con suerte, podrían darle el Premio Nacional de Historia o Literatura, valorados en 20.000 euros. El Premio Nacional de Tauromaquia, nueva creación, tiene un importe de 30.000 euros. ¡Viva la cultura!

Tauromaquia para niños

La noticia empieza así: «El municipio murciano de Abarán celebrará este sábado una novillada en el marco de una "clase práctica" para niños a cargo de los alumnos de la Escuela Taurina de Murcia, que, además, será retransmitida en directo por la televisión autonómica 7RM a toda la región». No se explica si los chavales serán adiestrados también en el «arte de matar», que era así como los clásicos denominaban sin tapujos al gran momento de la lidia. Nada de «fiesta».

No se preocupen. No voy a embestirles con la polémica taurina. He decidido agachar las orejas y el rabo, dispensando, y más aún después de que el Tribunal Constitucional no solo haya invalidado la prohibición o protección catalana, sino que le ha dado una estocada al «animalismo» universal al reafirmar como Bien de Interés Cultural las corridas de toros. Hay quienes opinan que ha quedado maltrecho el artículo 45 de la propia Constitución, con el mandamiento de proteger el medio ambiente, pero qué importa ese mimbre cuando se trata de lidiar con el destino. Con esta sentencia, las corridas pasan a ser una identidad por ley, una especie de ideología de Estado. Según las encuestas conocidas, una mayoría de los españoles, la tan invocada sociedad civil, considera el espectáculo taurino anacrónico y cruel. Para otros muchos, ser antitaurino es sinónimo de ser antiespañol. Pero creo que a tanto no llega la sentencia.

Cuando leí la noticia de la «clase práctica» taurina para niños por televisión, decidí seguir la consigna cínica que de vez en cuando parasita mi conciencia periodística: «No dejes que la realidad te embista, ¡hazle una verónica!». Así que decidí olvidarme de los niños, de los novillos y de la didáctica televisión murciana. Me quedé manso como un cabestro, con la conciencia haciendo verónicas, pero más tarde me salió una media verónica y tuve la debilidad de picar en otra noticia sobre el mismo asunto.

Resulta que representantes de asociaciones de protección de animales y colectivos contra el maltrato habían conseguido reunirse con directivos de la televisión pública de Murcia para expresarles su horror ante semejante programación. Y la respuesta estuvo a la altura de la Ilustración en que estamos inmersos, y para compensar el Siglo de las Luces que nunca tuvimos. «Miren ustedes», aclararon los intelectuales directivos, «el espectáculo taurino con "clase práctica" para niños no es un paso atrás, ni una barbaridad, como ustedes pretenden hacernos creer. Al contrario, se trata de implicar a la infancia en una *perfomance* artística de tradición y vanguardia, presencial y virtual a la vez». E incluso, de ponerse estupendos, podrían añadir que estamos ante una asombrosa experiencia pionera en materia educativa, allí donde nunca llegarían la Escuela Moderna ni las Misiones Pedagógicas. Y es cierto, según me cuentan, que ya circula el borrador del decreto que crea la Formación Profesional en Tauromaquia.

Por si no estuviese claro el asunto, los intelectuales de la televisión pública aclararon a los colegas de los animales que esas corridas didácticas para la infancia no iban a ser episodios excepcionales u ocasionales episodios costumbristas en nuestra Historia de la Cultura. Otras cadenas andan por la misma senda. Se trata, afirman, de cumplir como servicio de interés público, sin complejos. Y ahí viene la guinda: se programan corridas con «clase práctica» para niños como podían programarse «conciertos u obras de teatro».

Ahí sí quedé clavado. Me pasó lo que a Yupanqui: «Y sentí que un gran silencio crecía dentro de mí».

Como es notorio, las televisiones públicas en España emiten, con breves interrupciones, programas de teatro, circo y títeres con «clases prácticas» para niños, conciertos en los que participan los jóvenes intérpretes, talleres de artes, espacios de creación audiovisual y nuevo documentalismo, y todo así. De vez en cuando, como respiro, ponen un partido de fútbol femenino. Pero se aguanta bien, porque sabemos que después volverá el teatro y la danza contemporánea y las *jam sesions,* y una película de poetas detectives y otra de grafiteros. Sin descuidar los programas científicos en los que participan nuestros jóvenes investigadores desplazados a universidades extranjeras para echarles una mano a esos países rezagados.

Es tanta y tan perseverante la labor cultural de estos medios públicos, que hay que agradecerles que los sábados, para descansar, enseñen a torear y humillar novillos a los niños.

Sopa de aleta de tiburón

—¿De qué vive esa gente? — preguntó Rui Araújo.
Y le respondieron:
—¡Vive del hambre!

Cuando tuvo lugar esta conversación, Araújo, un periodista portugués, estaba en un pesquero dedicado a la caza del tiburón. No hablo de pesca deportiva para pirados, al estilo de la que narró Hunter Thompson en *La gran caza del tiburón,* que, junto con *Miedo y asco en Las Vegas,* fueron dos históricos *cross* a la mandíbula del periodismo conformista. La caza de la que hablamos ahora es, en realidad, una masacre industrial. Una caza masiva, sin límite, en la que la pieza codiciada es la aleta del escualo. En muchos casos, se les amputan los miembros y se arroja a los moribundos al mar. Se calcula que unos cien millones son sacrificados al año en los océanos, y varias de sus especies están al borde de la extinción. Todo por la *sopa de aleta de tiburón.*

Lo que hoy está ocurriendo en el mar se asemeja a las grandes matanzas de bisontes en el norte de América en el siglo XIX. La caza se intensificó, como producción industrial de muerte, aprovechando el transporte por ferrocarril, y cuando se puso de moda como exquisitez, en las grandes urbes del este, la lengua de bisonte. El famoso capullo Búfalo Bill se jactaba de haber liquidado a tres mil bisontes en un solo día. En las praderas se amontonaban los huesos hasta formar montañas. Según un censo de 1889, quedaban 541 animales en Estados Unidos y Canadá. En el parque nacional de Yellowstone resistían 20 bisontes. Cuando están en un tris de desaparecer, se crea, en 1905, la Sociedad Americana del Bisonte. Y respecto del actual proceso de aniquilación de los escualos, ha sido Barack Obama uno de los pocos mandatarios que ha impulsado iniciativas, la ley de Conservación de Tiburones, con la prohibición, entre otras medidas, del comercio y venta de las aletas.

Sopa de aleta de tiburón. Estofado de lengua de bisonte. Esas *delicatessen* son también parte de la historia criminal sobre el planeta.

Al igual que ocurre con el lobo y el miedo, en la simbología humana el tiburón es la representación más inquietante del depredador. Pero el lenguaje, con su resorte irónico, hace que los depredadores más temibles sean esos humanos que hemos dado en llamar *tiburones*. Son *tiburones* humanos los que se lucran con el negocio de las aletas de tiburón. En la síntesis de velocidad y codicia, no importa la mercancía. El *tiburón* humano puede comerciar con aletas o con metralletas.

Somos lo que recordamos. Somos lo que olvidamos. Y somos lo que comemos. Y ahora que se multiplican los programas de gastronomía en las televisiones, también podríamos añadir: somos lo que vemos cocinar. La cocina, en todos los sentidos, es buena para pensar. Por ejemplo, y a propósito de esos programas, tan sugestivos y populares, llama la atención que apenas participen mujeres, como concursantes o jueces, sabiendo como sabemos que son las mujeres las que cocinan en el 90 % de los hogares. El «somos lo que comemos» es una idea del filósofo Ludwig Feuerbach: «El ser humano es lo que come».

Y lo que no come, Ludwig.

Todas las grandes depredaciones han sido ajenas a la necesidad de satisfacer el hambre. Al contrario, la matanza de bisontes fue al principio un arma de guerra para quitarle a las tribus indígenas un medio de vida. Los indios no mataban el bisonte para comerle la lengua. La sopa de aleta de tiburón se degusta en restaurantes de Taiwán o Japón, y por gente que seguramente nunca acertaría a entender el significado de la frase haitiana: «Comerse las propias encías».

Ese era el sentido del diálogo que reproduce Rui Araújo. Él está en un barco para narrar lo que ocurre en una de las rutas de la caza industrial del tiburón. Tienen que hacer una escala imprevista a la altura de un pequeño poblado en la costa extrema de Cabo Verde. Esas familias practican la pesca artesanal, pero hay largas temporadas que no pueden salir al mar.

—¿Y de qué vive esa gente?

—¡Vive del hambre!

Sería muy interesante que en el *Masterchef* o cualquiera de esos programas de gastronomía, tan sabrosos y trepidantes, participase alguna vez una de esas personas que cocinan el hambre, con recetas del hambre, como aquella nana de la cebolla.

El Mago Enloquecido

En *Campo de retamas,* Rafael Sánchez Ferlosio inclu-ye un aforismo acerca de la esperanza: «¿Que dónde se ha ocultado la esperanza? En la etimología de la "deses-peración"». La celebración de la Cumbre Mundial sobre el Cambio Climático debería representar una cierta es-peranza. Escucho lo que dicen los científicos pioneros en la detección del desastre en marcha, como Wallace S. Broecker, que alertó en 1975 del «calentamiento global», probando su vinculación a la actividad humana, y lo que transmiten es una esperanza desesperanzada. El Mago Enloquecido, al que algunos despistados todavía llaman Progreso, actúa como una fuerza mutante sin fronteras.

No me extrañaría que, camuflado de Sostenible, el disfraz de moda, lo Insostenible se infiltre en la cumbre para olvidar el Presente con el señuelo del Futuro. Em-piezo a desconfiar por sistema cuando nos convocan a la tarea de dejar «un futuro mejor para nuestros hijos». Un eufemismo para aplazar las decisiones.

La naturaleza no aplaza su tarea. Nos permite respi-rar ahora. Todo lo regala. Hasta su belleza desnuda. Pero los océanos ya no dan abasto para depurar tanto gas no-civo. Y tiene que ser mucha la mierda para que se infar-ten los océanos.

Hay lugares donde se actúa, donde se toma en serio un modelo de energía y transporte alternativos, pero una parte del mundo vive dentro del Hipermercado y los que están fuera se agolpan a sus puertas hipnotizados o empujados por el Mago Enloquecido. La devastación avanza veloz, como lo hace la incesante *vanguardia* de la industria de armamento, mientras la conciencia ecológica se mueve laboriosamente, salvando obstáculos poderosos e incluso represalias. Hay imaginaciones muy selectivas: perezosas para capturar las emisiones venenosas, muy ágiles para capturar a los que protestan contra ellas.

No quiero meterme en asuntos de familia, pero a estas alturas sería interesante saber si el primo catedrático del presidente del Gobierno español mantiene su opinión sobre la inconsistencia de la alarma ante el cambio climático. Lo que me preocupa no es la evolución científica del familiar, sino la opinión actual del primer gobernante. Por una vez, lo confieso, es algo que no me deja dormir.

En mi pesadilla, seguramente producto del calentamiento global, el presidente del Gobierno pide la palabra en la Cumbre sobre el Cambio Climático y vuelve a retomar el argumento que le convirtió en un clásico involuntario del humor surrealista: «Yo sé poco de este asunto, pero mi primo supongo que sabrá. Y él me dijo: "He traído aquí a diez de los más importantes científicos del mundo y ninguno me ha garantizado el tiempo que hará mañana en Sevilla. ¿Cómo alguien puede decir lo que va a pasar en el mundo dentro de 300 años?"».

La célebre declaración fue hecha en el año 2007, cuando el presidente lideraba la oposición. Lo curioso es que no tenía una intencionalidad chistosa, sino que reflejaba un estado de inconsciencia, compartido por mucha gente influyente. Una anomalía histórica en España es lo poco conservacionistas que son los conservadores. La relación con la ciencia también ha sido bastante traumática. Álvaro Cunqueiro, un conservador conservacionista, hablaba de un personaje que le pidió un prólogo para una obra titulada *La cuadratura del círculo*. El escritor le preguntó el porqué de semejante empeño, el cuadrar el círculo, y el genio local se sinceró: «¡Yo lo que quería era cascarle a los de la Academia de Ciencias de Viena!».

Supongo que el presidente no quería cascarle a los de la Academia de Ciencias, pero su descreencia ha tenido consecuencias prácticas. España perdió en los últimos años su condición de referencia mundial en la investigación e implantación de energías renovables. Y lo que es peor. Mientras el Ártico y parte de la Antártida se derriten, mientras toda la comunidad científica seria advierte de «cambios abruptos», da la impresión de que aquí seguimos varados en el régimen de la Cuadratura del Círculo.

Supongo superada la fase del desdén. El discurso oficial, en el momento de la Cumbre, se ajustará por lo menos al sentido común. Pero al sentido común hay que liberarlo del conformismo. Tal como están las cosas, yo tengo alguna esperanza puesta en el Espíritu Santo. Él, con su iconografía de alma animal, ha inspirado la encíclica *Laudato si'*, en la que el papa Francisco llama a luchar contra el cambio climático y señala, sin eufemismos, las causas. Un papa ecologista. Eso sí que es Sentido Común.

La ballena insurgente

Comencemos por el final. Ismael, el narrador de *Moby Dick,* la voz que nos habla al oído como si Herman Melville escribiese con diamante en un vinilo, ese muchacho embarcado en un viaje fatídico, encuentra su bote salvavidas en un ataúd, preciosa propiedad de su amigo, el arponero Queequeg. Arrastrando al barco y a sus hombres, el capitán Ahab se ha ido al fondo con su obsesión, con la ballena blanca, confundidos al fin en un mismo destino y acaso en un mismo ser. Pero Ismael, el narrador, la voz que ha sobrevivido al naufragio, flota en el ataúd y sobre las tablas de su nombre bíblico, aquel que nos remite al hijo de Abraham y la esclava Agar, aquel que encontró una segunda existencia en la expatriación.

Es importante que Ismael se haya salvado. Lleva un tesoro, valioso como el ámbar gris de las ballenas y como el esperma de los cachalotes para las lámparas: ¡es el custodio de la historia! Pero es también muy importante esa manera en que sale a flote este Ismael-Melville. Es la prueba dactilar, el ADN de su modernidad. Perspectiva madurada en la mejor barrica de Shakespeare, la de la ironía. De tal manera que, intuyendo que nos desplazamos hacia una tragedia irremediable, advertidos antes de zarpar en la Capilla de los Balleneros por la lucidez apocalíptica del reverendo cascarrabias Mapple (a quien siempre recordaremos encarnado en Orson Welles, en la inolvidable versión cinematográfica que dirigió John Huston), sin embargo, y pese a su fama de extraordinaria «pesadilla», *Moby Dick* avanza en alegre singladura, llevada por una brisa irónica y, en muchas ocasiones, por humorísticos golpes de remo. Muy ilustradores son los episodios donde se narran de forma jocosa los respectivos encuentros competitivos con el ballenero alemán *Jungfraug* (Virgen) y con el francés *Bouton de Rose* (Capullo de Rosa). Ahí están las multinacionales, respaldadas por sus respectivos imperios, en esos albores del capitalismo optimista e impaciente, compitiendo por la depredación de los grandes cetáceos con las nuevas técnicas de la caza industrial.

En la travesía apocalíptica, hay desvíos humanos, de una ironía transgresora y procaz, en los que no se ha reparado, o porque no se ha querido o por no estar «bien vistos». Por ejemplo, ¿qué decir de las relaciones entre Ismael y el arponero «caníbal» Queequeg, tatuado y fosforescente como un icono postpunk? Ismael nos habla, con un guiño, de «apretón conyugal», al despertar de la primera noche que duermen juntos.

Avanza, sí, *Moby Dick* hacia un desenlace trágico, que es a la vez el desarrollo magnífico, vibrante, de la mayor de las ironías, de la que se ha dado en llamar «ironía del destino». A esa ironía divina, el capitán Ahab responde con un tozudo desafío, sabiendo, quizás, que el combate está amañado. Y esa es también, si nos empeñamos en interpretar, una de las posibles interpretaciones de *Moby Dick*. La de una formidable blasfemia contra la creación. Y en la que diosa y obra son a la vez la mítica ballena. Uno de los grandes momentos de la boca de la literatura es ese en que Ahab, que parece que va a enternecerse cuando le recuerdan los días suaves y azules de Nantucket y la mano del niño en la colina, aparta la mirada y larga su monólogo, que leemos como un conmovedor y fiero adiós: «¿Dormir? Sí, y nos oxidaremos en medio del verdor...». Y esto después de agitar los mares con un perturbador interrogante: «¿Quién condenará cuando el propio juez sea arrastrado ante el tribunal?».

Hoy esta novela, aparecida en 1851, forma parte de nuestra mitología. Y al margen del tiempo convencional, como los antiguos relatos protagonizados por Jonás, Ulises o Simbad. *Moby Dick* es un clásico en el sentido de obra inagotable, en la que siempre descubrimos un cargamento extra, una nueva onza de oro, una botella de licor que el puritano despensero había ocultado al arponero lector. Pero en la época de su publicación, la novela de la caza de la ballena blanca fue recibida con más pena que gloria, y eso que nació en el «momento», en la década en que brota fecunda la literatura nacional en Estados Unidos por la que había clamado Emerson. Y es que era una obra fronteriza, sí, pero perturbadora: no hay triunfo, no hay conquista. La naturaleza indómita es destruida, pero el poder y la codicia son empeños absurdos. La fama de *Moby Dick* se debe a un reconocimiento posterior al fallecimiento de Melville (1819-1891), que murió de aduanero en un relativo olvido, con una existencia final bastante semejante a la de otro de sus ahora célebres personajes, el humilde escribiente Bartleby, que trastorna a su modo el mundo del capitalismo impaciente, el de las oficinas de Wall Street, con una disculpa simple que tendrá el alcance futurista, ya lo verán, de una revolución ética: «Preferiría no hacerlo».

También en la travesía de *Moby Dick* como obra hay una cierta ironía del destino. Digamos que salió a flote en el ataúd de Melville. Desde principios del siglo xx se abre paso en la niebla. William Faulkner, por ejemplo, declara que es la novela que le hubiera gustado escribir. Pero Melville, en aquella navegación febril que fue la escritura de *Moby Dick,* supo que se traía algo formidable entre manos. «¡Dadme una pluma de cóndor!», pide el narrador. La crítica española está hoy enzarzada entre la poesía de la experiencia y el conocimiento. Pues bien, hubo un tiempo en que la crítica norteamericana distinguía con mejor tino entre escritores «pieles rojas» y «rostros pálidos». Herman Melville fue un gran escritor «piel roja». Escribió en el límite. Ismael proclama que se embarca para «ahuyentar la melancolía y regular la circulación». Así escribe Melville la gran aventura marina, la que no se limita a la floritura de los actos, sino que navega de fuera adentro y de dentro afuera, donde el sudario del mar funde a la persona animal con la persona humana. Y donde el bote de la vida se sostiene sobre un humor capaz de ver que la cola de la ballena es más hermosa que el brazo de un hada.

Moby Dick tiene nombre. De alguna forma, Ahab es el último hombre donde la gran caza tiene un sentido mítico, religioso, como los bisontes de Altamira eran iconos de un santuario. También *Moby Dick* es la última ballena en tener nombre para todos los marineros. Encarna la resistencia. Nunca será capturada. Ahab quiere poseer ese deseo, esa naturaleza que se rebela. El sueño emancipado sumergido en el mar y en su mente abismal. La libertad indómita arrastra al tirano. Mueren juntos. Comienza la gran depredación de la caza industrial. Sin nombres que recordar.

LA LITERATURA ESCRITA EN LA ORILLA

El secreto del *Quijote*

Todavía hay zonas secretas en el *Quijote*. De lo que no se habla. O muy poco. Del amor entre animales, por ejemplo. La atracción erótica entre el caballo Rocinante y el rucio de Sancho. El humor de Cervantes es siempre un humor que hace pensar. Nada banal. Un humor que nace del dolor para levantar del suelo, de la continua caída, cuerpos y palabras. Hay mucho humor y mucho dolor en esta historia. Tomando una expresión de Andrea Camilleri: *«La lingua batte dove il dente duole»* («La lengua bate donde duele el diente»).

Así, en el *Quijote*. La acción verbal, ¡*verbívora!*, es incesante. La lengua bate, amortigua, alivia allí donde localiza el dolor. Sentimos que ese dolor desaparece no por encanto sino por lucidez, cuando el caballero y el escudero comparten, por fin, el campo de la verdad.

Ese gozoso momento en que se produce, por fin, el mutuo reconocimiento. Uno y otro van trepando hacia una zona de luz, dándose la vez, apoyándose con estilo en el hallazgo de las palabras precisas. Y la clave para el compañerismo es lo que Sancho llama «la cultivación». Qué maravilla. ¡Cuánta «cultivación» histórica nos haría falta! Pena de tradición hurtada.

—Cada día, Sancho —dijo don Quijote—, te vas haciendo menos simple y más discreto.

Y es entonces cuando Sancho le habla de «la cultiva-ción» y lo hace ya desde ese cierto punto de ironía, don-de se funden felizmente el habla popular y los recursos de fábrica «sublime». Sancho le concede el magisterio de la cultivación: «Quiero decir que la conversación de vuestra merced ha sido el estiércol que sobre la estéril tierra de mi seco ingenio ha caído». Con el estiércol de fértil me-táfora, el ingenioso hidalgo reconoce que la admiración es recíproca. Este campo de la verdad es el capítulo XII de la segunda parte, y se están hablando como iguales.

¿Cómo han llegado hasta aquí?

Han dejado atrás la temerosa aventura de la carreta de la Muerte. Y la noche que sigue es el momento de sincerarse, de reconocerse, de desvelar el pensamiento. La conversación cabalga animosa porque comparten un descubrimiento, donde desaparece la fractura entre el «loco» y el «cuerdo»: la vida es una comedia. Y de ahí el más sentido elogio que se haya escrito de la comedia y los co-mediantes, «instrumentos de hacer un gran bien a la re-pública». Lo que acontece en el escenario y lo que acon-tece en el mundo: acabada la comedia, quedan todos los recitantes iguales, incluidos emperadores y pontífices. Y aún Sancho introduce otra comparación: la del juego del ajedrez, «que mientras dura el juego cada pieza tiene su particular oficio, y en acabándose el juego todas se mezclan, juntan y barajan, y dan con ellas en una bolsa, que es como dar con la vida en la sepultura».

Llega la hora del sueño. Después de semejante plá-tica, dentro y fuera del libro hay un polen de libertad. Las palabras, desamarradas, han engendrado «otro tiem-po». Y lo que sigue es un episodio extraordinario, por lo que sucede y cómo se cuenta. Sancho quita los arreos al jumento y, desobedeciendo lo establecido por los andantes caballeros, desaliña y quita la silla al caballo: «Le dio la misma libertad que al rucio, cuya amistad de él y de Rocinante fue tan única y tan trabada, que hay fama, por tradición de padres a hijos, que el autor de esta verdadera historia hizo particulares capítulos de ella, mas que, por guardar la decencia y decoro que a tan heroica historia se debe, no los puso en ella».

Más que censura, en realidad, lo que hace Cervantes, adelantándose al «arte de la omisión» de Hemingway («Lo que vemos es la octava parte del iceberg»), es una pieza prodigiosa de sutileza para narrar el amor del rucio y de Rocinante: «Después de cansados y satisfechos, cruzaba Rocinante el pescuezo sobre el cuello del rucio y, mirando los dos atentamente el suelo, se solían estar de aquella manera tres días».

Hay un humor gozoso, lleno de respeto, al describir esta relación, que Cervantes compara con parejas clásicas homosexuales como Niso y Euríalo y Pílades y Orestes. Pocos años después, muerto Cervantes, todos los grandes poetas, como Lope y Góngora, participarán en un florilegio poético en honor a Felipe IV celebrando la hazaña de haber asesinado un toro de un arcabuzazo. Sin arte de omisión.

Podemos atrevernos a ir un paso más allá. Al cabo, la literatura desafía la «línea de lo inaccesible», allí donde se tienen que detener arqueología e historia. Hay muchas historias en el *Quijote,* pero creo que ninguna comparable al proceso de reconocimiento entre el escudero y el caballero, entre quienes encarnan la «naturaleza» y la «cultura», entre el *sermo humilis* de Sancho y el *sermo sublimis* del hidalgo. La jerarquía inicial, que responde a la convención, se va descerrajando para abrir paso a una nueva relación entre libres e iguales.

«Ahora estoy al borde de la blasfemia», dijo Borges en un gran momento momentáneo. Fue en una conferencia sobre el *Quijote* en la Universidad de Texas, en Austin, en 1975. «Ahora estoy al borde de la blasfemia», dijo, pues, «pero cuando Hamlet iba a morir creo que tendría que haber dicho algo mejor que "el resto es silencio"». En realidad es una maniobra de distracción, porque lo que de verdad se trae entre manos es una operación de la más delicada cirugía crítica. La de disentir del modo en que Cervantes cierra el caso del *Quijote*. El cómo narra la «escena más grande» del libro, en el capítulo final, la «verdadera muerte» de Alonso Quijano. Enmendar a Hamlet es un juego de anacronismo deliberado. Borges sabe que nos deslumbra al tiempo que se echa unas risas inmortales con Shakespeare: «Lo amo tanto que puedo decir estas cosas de él y esperar que me perdone». Pero, con el adiós a don Quijote, el descontento Borges no ironiza ni un chisco. Mascuilla lo que escribió Cervantes: «Entre compasiones y lágrimas de los que allí se hallaron, dio su espíritu, quiero decir que se murió». Luego, merodea la frase como un testigo alrededor del lecho. Escarabajea. En el diccionario de María Moliner, *escarabajear* tiene por sinónimos bullir o cosquillear, y también significa: «Desazonar a alguien un pensamiento». Lo que hace Borges es trasladar su desazón al mismísimo autor del *Quijote:* «Supongo que cuando Cervantes releyó esa oración debe haber sentido que no estaba a la altura de lo que se esperaba de él». Habrá quien piense que esa suposición es otra blasfemia. ¡He ahí un chafacharcos, a ver de qué pie cojea el maestro! Pero no. Ese cosquilleo es, en el fondo, un acto de respeto y solidaridad. Si Cervantes hubiera sido peor escritor, se habría lanzado a una «escritura florida». Además está la pena. Los lectores sabemos que el final del *Quijote* es la pena de muerte del derecho a soñar. Y no extraña que hasta en Borges pueda asomar la posibilidad de una lágrima: «La tristeza nos arrasa y también a Cervantes».

En esta crítica del capítulo LXXXIV, «De cómo don Quijote cayó malo, y del testamento que hizo y su muerte», ni Borges, ni nadie de entre los grandes especialistas y exploradores de la obra de Cervantes, presta la debida atención a lo que ocurre con Sancho Panza. Sí, es él quien no se separa de la cabecera de la cama donde yace el enfermo. Es él quien llora con el ama y la sobrina. Los otros hombres, el cura, el bachiller y el barbero, visitan al amigo y viven con gran pesar su final. Seguro que en ellos asoma la posibilidad de una lágrima. Pero el único que llora, el que «derrama lágrimas», es el rudo labriego, que tuvo el coraje de salir del término, y se comprometió en la posibilidad de la aventura. De entre todos, fue el único compañero de verdad que tuvo don Quijote.

Y cuando llega la hora del testamento, de las mandas, y delante de todos, es a Sancho al primero que nombra y al que da sus dineros. Podría quedarse ahí, conforme, y participar en un adiós común. Pero lo que ocurre es esto: «¡Ay! —respondió Sancho, llorando—: No se muera vuestra merced, señor mío, sino tome mi consejo, y viva muchos años, porque la mayor locura que puede hacer un hombre en esta vida es dejarse morir, sin más ni más, sin que nadie le mate, ni otras manos le acaben que las de la melancolía. Mire no sea perezoso, sino levántese de esa cama, y vámonos al campo vestidos de pastores, donde tenemos concertado».

¿No es ese el hablar del amor? El proceso de reconocimiento fue también el de un enamoramiento. El amor libre, y correspondido, de Sancho. Escudero y caballero se reconocen como compañeros. Han llegado al fin de la aventura. Y la muerte es la despedida de dos amantes. El gran secreto del *Quijote*.

Con Borges, en la orilla

Ernst Robert Curtius encontró este topos en la literatura medieval:

La naturaleza como libro, el libro como mundo.

Y podemos continuarlo:

Un mundo con un corazón central, el corazón central es una orilla.

En su segundo *English Poem*, cuando todavía alberga una brizna de esperanza en que le quiera, Jorge Luis Borges le ofrece todo lo que tiene a Norah Lange:

Te ofrezco calles delgadas, crepúsculos desesperados, la luna de los suburbios irregulares.

Le ofrece:

... ese núcleo de mí mismo que he salvado, de algún modo; el corazón central que no comercia con palabras, ni trafica con sueños, y se mantiene intocado por el tiempo, por el placer, por las adversidades.

Y le ofrece, atención:

... mi soledad, mi oscuridad, el hambre de mi corazón; estoy tratando de sobornarte con incertidumbre, con peligro, con derrota.

Esas son las propiedades que cuentan a la hora de la verdad: los suburbios irregulares con sus crepúsculos desesperados, con un corazón central, hambriento, y un patrimonio de incertidumbre, peligro y derrota.

Si toda gran literatura germina y avanza descubriendo una cartografía íntima, aquí la tenemos expuesta de modo desgarrado. El lugar del «corazón central» es, en exacta paradoja, el lugar excéntrico. El borde, la frontera, el arrabal. La incertidumbre, el peligro, la derrota, ese es el medio ambiente de la orilla, la psicogeografía del orillero.

Con la fama, Borges será el paradigma de escritor cosmopolita. Pero hay que decirlo con más precisión: es un cosmopolita orillero. O en definición de Beatriz Sarlo, cuando falleció el escritor, un «clásico marginal». ¿Marginal, Borges?

Desde una visión convencional, Borges será también el paradigma del escritor que se descose de su época, del escritor ausente, acomodado en su torre de marfil.

Muy al contrario, incluso cuando más parece un monumento, Borges anda por la orilla y se mantiene en duelo permanente con su tiempo, porque sabe que un tiempo contiene todos los tiempos. Un duelo a cuchillo. En una ocasión, ya viejo y ciego, se acercó a él un cuchillero nada metafórico, un conocido de la infancia en el arrabal de Palermo, la primera orilla. Borges le preguntó que qué tal le había ido la vida y el malevo respondió con su ética: «He estado varias veces en la cárcel, señor Borges, pero ha sido siempre por homicidio».

Escribir es un duelo, aunque a veces tenga la forma de un juego. Pero siempre se apuesta la cabeza al dar un paso más. Te espera el fruto de la orilla, como quien anda al raque después de un naufragio: lo imprevisible, el descubrimiento, el asombro.

Esa es la ley que rige en la orilla, la del asombro. En expresión de Darío González, la «lógica del asombro». Está en el origen y también en la meta: «Los metafísicos de Tlön no buscan la verdad ni siquiera la verosimilitud; buscan el asombro». Alberto Giordano, en uno de los ensayos que enmarcan *Borges esencial* (2017), nos lo muestra en la orilla, en la margen de la escritura, buscando puntos de enrarecimiento o vacilación: «Juega a desatender los imperativos de la Tradición para recuperar el placer infantil de los hallazgos curiosos».

El principal duelo de la orilla, incesante, es de Borges contra Borges. Lo enuncia de forma expresa en la pieza «Borges y yo», incluida en *El hacedor:* «Hace años yo traté de librarme de él y pasé de las mitologías del arrabal a los juegos con el tiempo y con lo infinito, pero esos juegos son de Borges ahora y tendré que idear otras cosas».

La conciencia de orillero no solo favorece, sino que empuja a buscar otras orillas. No solo en el espacio, sino también en el tiempo. «Hacer época», escribe Pierre Bordieu en *Las reglas del arte,* «significa indisolublemente hacer existir una nueva posición, más allá de las posiciones establecidas [...] e introducir la diferencia, producir tiempo».

Borges hace época porque produce tiempo. Y su manera de producir tiempo, otro tiempo, es conectar orillas diferentes del tiempo. Así, veamos *La trama:*

Para que su error sea perfecto, César, acosado al pie de una estatua por los impacientes puñales de sus amigos, descubre entre las caras y los aceros la de Marco Junio Bruto, su protegido, acaso su hijo, y ya no se defiende y exclama: *¡Tú también, hijo mío!* Shakespeare y Quevedo recogen el patético grito.

Al destino le agradan las repeticiones, las variantes, las simetrías: diecinueve siglos después, en el sur de la provincia de Buenos Aires, un gaucho es agredido por otros gauchos y, al caer, reconoce a un ahijado suyo y le dice con mansa reconvención y lenta sorpresa (estas palabras hay que oírlas, no leerlas): *¡Pero, che!* Lo matan y no sabe que muere para que se repita una escena.

En un ensayo punzante titulado «La literatura contemporánea víctima del despotismo comercial y de la globalización», Yanitzia Canetti se pregunta: «¿Podrían Carpentier, Borges, Lezama Lima salvarse de la sentencia implacable del mercado si propusieran hoy en día su primera obra editorial?».

Es una pregunta pertinente para formular en la orilla. Borges responde: *¡Pero, che!*

Cuando la atmósfera tiembla

José Saramago se vio con la muerte en la Navidad de 2007. Casi un año después, en Lisboa, me contaba ese encuentro con mucha serenidad, incluso con una cierta compasión por aquel personaje que había venido para llevárselo: «Que no me hablen de la muerte porque ya la conozco. De alguna forma ya la conozco». Y me explicó que la muerte se alimenta de palabras, les devora el tuétano, y el rastro que deja es un silencio mudo. La parte de su cuerpo que resistió fue el lenguaje, que lo mantenía vivo, en vilo, con una excitación germinal: «Me oía a mí mismo, y el humor con el que yo me comunicaba me sorprendía, me emocionaba».

Así que el lenguaje, la boca irónica de la literatura, lo levantó del suelo. Y ese plus, ese tiempo «de más», fue una conquista del humor de las palabras y un regalo para José, para quienes más le querían, y para nosotros. Algo había de parábola en lo sucedido. Samuel Beckett habló de «la muerte de las palabras». Las palabras que ya no quieren decir. La obra de Saramago tiene desde el inicio la condición de rescate. Él viajó al núcleo del silencio y se encontró con las «voces bajas» de la historia que todavía tenían mucho por decir. Como diría Vladimir, en *Esperando a Godot:* «Estar muertas no es bastante para ellas».

No fue un escritor precoz. Tal vez porque dedicó tiempo a escuchar.

Poco antes de aquel episodio hospitalario, había coincidido con Saramago en la inauguración del Parque de la Memoria en Buenos Aires, a orillas del río de la Plata. Al recordarle, es allí donde lo veo. Su imagen más punzante. Amenazaba tormenta, con esa conciencia que a veces tiene la naturaleza de los dramas humanos. Él describió muchas veces esa implicación anímica del paisaje. Así, en el relato «Desquite»: «En la distancia la atmósfera temblaba».

En aquel memorial, cada nombre está escrito en el lomo de un libro de piedra. Saramago leía con el tacto de los ojos, como en braille, los nombres de los desaparecidos, muchos de ellos arrojados desde aviones militares al río. Allí estaba el hombre que había escrito *Todos los nombres*. Y aquella mirada noble expresaba la derrota de la humanidad. Decía como en el verso de Novoneyra: «Todo lo que le ha pasado al ser humano me ha pasado a mí».

En todo caso, él estaba allí, donde la atmósfera temblaba.

Los buenos sentimientos no garantizan una buena literatura. Eso era algo que Saramago tenía claro. Pero tal vez ayudan en la caligrafía. Fue uno de los pocos triunfos que él experimentó de niño. Lo cuenta con alegría en *Las pequeñas memorias*. El que una maestra ensalzara su buena letra, ese primer trato con la palabra escrita. Y siempre a la escucha. Conocía sonidos que ya pocos distinguen. Hasta que tuvo «habitación propia», vivió en espacios muy pequeños, hacinados, donde no cabían los fantasmas, ni siquiera los navideños. Pero él oía por la noche a la *costurera* trabajar incansable detrás de las paredes. La *costurera* que se había quedado prisionera con su máquina por coser los domingos. Aquella máquina era la termita. Pero José aprendió a escuchar con la imaginación. La máquina de coser y la termita eran tan reales la una como la otra. Las palabras eran hilos que se ovillaban en la memoria. Un día tiró de un hilo suelto, lo liberó poco a poco, con la blandura caliente del lodo vivo, y descubrió que su cuerpo era un río: «Nadan peces en mi sangre y oscilan entre dos aguas / como las llamadas imprecisas de la memoria».

«Las palabras sueñan que las nombramos», dice Carlos Oroza en un poema. Había muchos hilos sueltos, muchas palabras, muchas memorias proscritas esperando por José Saramago. No es casual que su primera gran obra se titulase *Levantado do chão (Levantado del suelo)*. Todo el saber acumulado, la esmerada caligrafía, el don de ver más allá de las paredes, la escucha de la imaginación, la memoria amasada con fermento, aquella melancolía que era sinónimo de libertad y deseo, la diligencia periodística, todo se concitó para levantar las voces del suelo, para sostener en vilo el lenguaje. Y entonces el escritor, ni viejo ni joven, se apresuró a escribir como si oyese el mandato del surrealista René Char en *Común presencia:* «Apresúrate a transmitir lo que te corresponde de maravilla, de rebelión, de generosidad».

Maravilla, rebelión, generosidad. Esas tres palabras ganan juntas y accionan toda la energía del *efecto Saramago*. Es algo que se percibe nada más abrir *Memorial del convento.* ¿Qué ocurre? La atmósfera tiembla. Es ese tipo de obra que sabemos extraordinaria, pero que no sabemos cómo se ha escrito. El poema de René Char vuelve a pensar en José Saramago: «Has sido creado para momentos poco comunes». El *Memorial,* una novela sin concesiones, lo hizo popular. En cada obra que siguió, apostaba siempre la cabeza. En el prólogo que escribió para las memorias de Marcos Ana *(Decidme cómo es un árbol),* el luchador español encarcelado desde 1939 hasta 1961, José Saramago habla de la necesidad de derrotar el cinismo, la indiferencia y la cobardía. Como persona, Saramago no fue ni cínico, ni indiferente, ni cobarde. Hay una cita de *La sagrada familia* que le gustaba en especial, y que le permitía saborear en público el nombre fastidioso de Karl Marx: «Si el hombre es formado por las circunstancias, entonces es necesario formar las circunstancias humanamente». Pero además, para el escritor, el no ser cobarde, el no serlo mientras escribe, es una exigencia. Y José Saramago fue un escritor muy valiente. Algunas de sus novelas, que arrancan de alegorías, parecían empeños imposibles. Pero al final siempre consigue que hable la boca de la literatura, la que no se deja dominar.

En el mismo libro donde aparece ese trazo fulgurante de la atmósfera que tiembla, *Casi un objeto,* hay otro relato situado en el contexto de una dictadura donde se rebelan los utensilios, las máquinas, las puertas, los buzones, los ascensores. Hay un paro de relojes. Una humorística disidencia que relata la suspensión de las conciencias. Y en otro cuento, «Centauro», vivimos angustiados la última carrera del hombre-caballo, la crónica homérica de la interminable guerra entre deseo y muerte. En «Desquite», donde tiembla la atmósfera, un joven aldeano se desnuda y atraviesa un río para vivir su primer encuentro amoroso, después de asistir espantado a la castración de un cerdo. La imaginación no se descose de lo que llamamos realidad, pero la hace fermentar. Saramago consigue que la realidad se sorprenda de sí misma.

Hay momentos en su obra en que marchan juntos vivos y muertos. En la historia, hay empeños comunes. Como en Rulfo, tienen mucho que contarse. De repente, Saramago se olvida del lector y se dirige a una de las personas que más quiso, a su abuela Josefa, la mujer de Jerónimo: «Tú estabas, abuela, sentada en la puerta de tu casa, abierta ante la noche estrellada e inmensa, ante el cielo del que nada sabías y por donde nunca viajarías, ante el silencio de los campos y de los árboles encantados, y dijiste, con la serenidad de tus noventa años y el fuego de una adolescencia nunca perdida: "El mundo es tan bonito y yo tengo tanta pena de morir". Así mismo. Yo estaba allí».

Sí. Él estaba allí, donde tenía que estar, cuando la atmósfera temblaba.

El acuerdo secreto entre generaciones

Estamos en un campamento de campesinos desposeídos, nómadas, emigrantes, en marcha hacia al Oeste, a la búsqueda de trabajo como jornaleros. Estamos en el capítulo XIV de *Las uvas de la ira,* de John Steinbeck. Estamos en la noche. El llanto de un recién nacido rompe el silencio. Las palabras se ponen en movimiento, buscan su propio cuerpo, su sentido, en la oscuridad. El afán de la vida. Alguien nombra el frío. Alguien, una manta. El narrador escribe: «Este es el principio. Del *yo* al *nosotros*».

En la literatura contemporánea, ese principio, el que comunica el pronombre de primera persona del singular y del plural, tiene un nombre. Al igual que el «principio de la esperanza» se asocia con Ernst Bloch, ese que lleva «del *yo* al *nosotros*» bien podría ser el principio de John Berger. En un epílogo a su primera novela, *El joven pintor* (1958), Berger señala el lugar *situacionista,* germinal. El del abrazo. El joven Berger participó en las redes solidarias británicas con los refugiados huidos del nazismo. ¿Qué mejor contraseña que el abrazo? John Berger vivió con la dinamo alternativa del abrazo. No un abrazo solemne, protocolario. El suyo tenía la forma de una cabaña en un paso clandestino. Estaba hecho a la medida del destartalado, del emigrante, del animal herido, de la mitad del mundo maltratada.

El tamaño de una bolsa, por ejemplo, es un libro de abrazos que crean lugares. Ese abrazo matriz que viene precedido por la conciencia del dolor, incluso del horror infernal, nos sitúa en las antípodas del vacío. Walter Benjamin entendió que cada pensamiento debe ser arrancado a un ámbito «en el que reina la demencia». John Berger arranca «al delirio espacial» estos textos que abrazan. Esa característica constitutiva del texto como abrazo, como receptor que escucha mientras avanza, explica en parte cómo la más dura denuncia («Contra la gran derrota del mundo») no sucumbe al género de la apocalíptica. Existe una causalidad en la expoliación de la esperanza en el mundo contemporáneo. Y describir el lugar del infierno hoy, en un texto que emana de la profecía del Bosco, es de una exigencia que todo lo pone a prueba. Requiere coraje, sí, pero un coraje genial. Tanto como el de representar la esperanza. Son desafíos límites a lo que queda de verdad en el lenguaje. Veamos. Con siete palabras, Berger construye el siguiente lugar: «Recuerdo los escombros y la esperanza omnipresente». Ya estamos en el estudio de Leon Kossoff. Pero nuestra percepción postmoderna incluye el cinismo como componente. El escritor se da cuenta, pone un punto y seguido, se gira hacia nosotros: «La esperanza era extraña porque su naturaleza era semejante a la del hueso que el perro entierra en el jardín».

Así que cada uno de sus libros es un abrazo. Cuidado. Nada de pamplinas. Es el laborioso y tormentoso aprendizaje de un abrazo en la intemperie de la Historia. Un abrazo que duele y desequilibra. Un abrazo en el que tratar la realidad, abrazarla, supone apostar la cabeza. En el capital *El sentido de la vista,* Berger nos cuenta cómo salió de una crisis que lo tenía noqueado gracias a Van Gogh. Al contemplar de nuevo, después de mil visitas, cuadros como *Los comedores de patatas*. Allí estaba la realidad, por fin, como una construcción de la imaginación: «La realidad siempre *está más allá,* y eso es cierto tanto para los materialistas como para los idealistas».

En *Sobre el dibujo* (2005), otra de sus obras que tratan del arte y que ya forman parte del mejor y más valiente arte (así, *Modos de ver* o *Fotocopias*), Berger vuelve sobre Van Gogh con una cuestión obvia pero muy pertinente: ¿por qué ha llegado a ser este hombre el pintor más popular del mundo? Su respuesta, como siempre, no es obvia: «Es querido, me digo mirando el dibujo de los olivos, porque para él el acto de dibujar o de pintar era una forma de descubrir y de demostrar por qué amaba tan intensamente aquello que estaba mirando».

La novela *G.* (Booker Prize, 1964) se presenta como paradigma de novela comprometida. Lo que para unos sería un estigma, el compromiso, para Berger siempre fue un honor. Recogió el premio en compañía de un *pantera negra,* lo donó y lo dedicó también al movimiento feminista británico. Pero a *G.* no le pasó el sol por la puerta. Su calidad de realidad *está más allá.* Walter Benjamin hablaba de creaciones que propician «un acuerdo secreto entre generaciones». Eso es algo que experimentamos al leer *G.* y la trilogía que forman *Puerca tierra, Lila y Flag* y *Una vez en Europa.* Y que sentimos en *Páginas de la herida* y *Poesía 1955-2008,* editada por el Círculo de Bellas Artes de Madrid con la voz del autor. El lugar del abrazo. Un acuerdo secreto entre generaciones: «Quién nos llevará / riendo a la semilla / de lo que fuimos».

En *G.,* se describe una carga de caballería contra obreros y familiares en el Milán de 1898, la violencia sobre los indefensos, de tal manera que ningún lector puede decir: «Yo no estuve allí, no sé nada». Nadie que abra ese libro puede dejar de oír como lo abren a él las bisagras de la historia. Tienes que hacer algo, podemos hacer algo: «Escribe cualquier cosa. Habla, pero habla con ternura, porque es toda la ayuda que puedes prestar. Construye una barricada de palabras, tanto da lo que signifiquen».

El compromiso de John Berger era escribir. A esta idea del compromiso habría que añadir: «Y todo lo que escribes te compromete». Berger llevó al extremo la condición germinal y sensorial del lenguaje. La arqueología habla de la línea de lo inaccesible: no se puede ir más allá en la búsqueda. Berger traspasaba esa línea con una íntima complicidad del activismo del sentir y del pensar. No era el discurso el que generaba una literatura. Nunca situó la literatura como subalterna de un poder doctrinario o ideológico. Eran las palabras, esos seres vivos, con sus heridas, torturas y hematomas, las que lo conducían al lugar de la lucha, allí donde el humor llora y el dolor ríe. Nadie como él escribió sobre las artes. Porque la enigmática relación con la realidad, la literatura, como el ensayo creativo, pueden reflejar y luchar contra la realidad, pero también crean otra realidad: el libro es un mundo y ese mundo contiene una naturaleza.

En una de sus últimas comparecencias en un acto en homenaje de la resistencia contra el nazismo en la Alta Saboya, se felicitó por la presencia de jóvenes, por el encuentro entre generaciones. Ese mismo día comenzaba en Madrid, y él así lo anota, el movimiento de los indignados del 15-M. Llovía y granizaba en la alta montaña. Pero la historia estaba allí no como fantasma, sino para rescatar la esperanza y la resistencia frente a lo inaceptable. Y él escribió: «Todas las palabras, al igual que aquellos que las escuchaban, tenían los pies en el suelo». Como sus libros. Aquí están, erguidos, con los pies en el suelo.

Los poetas mueren en la orilla

Imaginen un poeta que escribe: «Ese sabor a sal en la boca / Como si la muerte viniese cada nueve olas». Imaginen que ese poeta, con un cuerpo de gladiador animoso y liberto, se gana la vida trabajando en el mar, en la frontera abismal, a la búsqueda del percebe. Imaginen que sus últimas palabras, las que recuerdan sus compañeros, son: «No le deis nunca la espalda al mar». Imaginen que estamos en la mañana del 30 de marzo de 2017, en el litoral gallego de la Costa da Morte. Imaginen que ha llegado esa novena ola con la muerte en la grupa.

El poeta y *percebeiro* era Francisco Souto Barreiro, Paco Souto, 54 años, casado y con dos hijos, vecino de Malpica. La noticia de su muerte tuvo esa condición de golpe salvaje, de tromba que zapatea la incredulidad. En el lecho marino hay dos espacios contrapuestos: el lugar de la vida, *almeiro* (vivero), y el deslugar vacío, la marca del miedo. Paco Souto era, en sí mismo, un *almeiro*. En la tarde del viernes, cuando lo despedimos, en la villa de Malpica, antiguo nido de pescadores de ballenas, había una angustia de deslugar. Fue él, Paco Souto, el muerto, quien combatió el vacío. Sus poemas, elegidos por su compañera Emma Abella, y en boca de mujeres y hombres de la Costa da Morte, fueron reconstruyendo el *almeiro*. Un acto civil en el que la poesía restablecía un vínculo entre lo efímero y la atemporalidad, lo humilde y lo sublime. Y en el legado de Souto las palabras se levantaban mejor del suelo en forma de irónica letanía: «*Marenostrum, fainos peixes, así na terra como no ceo*» («Marenostrum, haznos peces, así en la tierra como en el cielo»).

Toda su vida la pasó mojándose. Siempre luchando a la intemperie. Imaginen ahora que el poeta y *percebeiro* es también editor. De la editorial Caldeirón, que convoca cada año un prestigiado premio de Poesía Erótica, y que ha sido un vivero de renovación literaria, con títulos como *Transfusión oceánica*, de Xosé Iglesias, el colectivo *Versos de cianuro* o *Crebar cristais coa lingua*, del propio Souto. Imaginen que el poeta, *percebeiro* y editor, es también un activista cultural, incansable creador de *perfomances*, con música, artes y poesía, que descolocaban el paisaje del conformismo, como *Lugar de incendios* o *Tempo escuro*. Todo eso nacía de la factoría del *almeiro* Paco Souto.

Su última obra se titula *As árbores caídas (Los árboles caídos)*. El propósito de «descolocar» resumía todo un programa cultural. «Quiero una literatura que me descoloque», decía Paco Souto. Salir al mar era duro, incómodo. Pero más le incomodaba la cultura estupefaciente o la banalidad. Sí, toda su vida estuvo mojándose. El *percebeiro*, poeta, editor, artista en la calle, era también un activista político y ejercía como concejal indómito de una izquierda en la orilla. Nunca tuvo espíritu de secta. Cuando aceptó concurrir en la candidatura del BNG al Congreso de los Diputados, presentó este escueto historial: «Trabajo de *percebeiro* en la cofradía de Malpica. Soy escritor y editor que quiero mil primaveras más para nuestra lengua. No entiendo la política si no es para cambiar el mundo». Había estado en mil batallas. Pero sabía muy bien que para escribir y para luchar en el acantilado, esas dos soledades, las medallas son un lastre. Lo importante era no dar la espalda.

Leer entre vidas, escribir entre líneas

Todos los derechos son importantes, pero, si nos amputasen el derecho a soñar, perderíamos todo el resto. Las células del soñar están, por suerte, muy repartidas en la Tierra. No hay un centro burocrático que dirija los sueños ni una jerarquía que los determine ni un fondo monetario que preste sueños con intereses. El derecho a soñar, como una energía insurgente, no puede estar subordinado, no puede ser subalterno, no recibe órdenes. Y tampoco pretende dominar. Ahí, en ese ímpetu no predador, se detecta la literatura. La literatura no está en el discurso de quien escribe, que puede ser, y no pocas veces lo es, un predador, sino en el cuerpo del texto.

Poner la libertad en el cuerpo mismo del lenguaje. Así lo expresa Gaston Bachelard, en *La poética del espacio*. Ese activismo de la libertad, sea en el soporte que sea, sea literatura o periodismo, tiene como tarea la construcción del texto como un espacio rebelde, como un canto del ave solitaria que es el árbol mismo, un lugar de desequilibrio donde no caerse, allí donde se desvela lo que no está «bien visto», en el doble sentido, de ver lo que no se deja ver y ver en profundidad.

En su *Poetry as insurgent art (Poesía como arte insurgente)*, Lawrence Ferlinghetti va encadenando aforismos que son también versos y microrrelatos. Dice: «Pon tu oído en el suelo y escucha el giro agitado de la tierra, la sobrecarga del mar y los lamentos de los animales moribundos». O: «Haz comunes palabras no usuales». Y también: «Lee entre las vidas y escribe entre las líneas». Y aún: «Sé un contador de grandes cuentos, incluso el más oscuro». Y después: «Compón en la lengua, no en la página».

Escucha tu aliento...
Mira la eternidad en los ojos de los animales.

Insurgente (de *insurgere*) significa en su etimología latina «lo que se alza, lo que se pone de pie, lo que se yergue, lo que se levanta, lo que se eleva». Hay una segunda acepción muy interesante, asociada con el mar: «quien rema con energía, quien boga con fervor». La literatura insurgente es ese estar alerta. El poner en vilo todos los sentidos. Levantarse es despertar. Como las candelas, una palabra encendida alumbra a la otra que despierta a la tercera. Las palabras en pie, con un querer decir. La historia que arranca en la lengua, con la pulsión del deseo. La literatura vagabunda, que se pone en marcha hacia lo desconocido, porque algo terrible puede ocurrir. ¿Y qué es lo más terrible que puede ocurrir? El abandono. O dicho de otra forma. La imposibilidad del encuentro. De la armonía.

Hay una canción popular gallega, una canción de amor, que dice:

O pouco que Deus me deu
cabe nunha man pechada.
O pouco contigo é moito,
o moito sen ti é nada.

(Lo poco que Dios me dio
cabe en una mano cerrada.
Lo poco contigo es mucho,
lo mucho sin ti es nada).

Esa es la naturaleza de la relación entre los cuerpos abiertos. También es la relación con el texto donde la libertad es el cuerpo mismo del lenguaje. Quien escribe, quien lee, y escribe en el acto de leer. Abrimos el texto y el texto nos abre a nosotros. Nos levantamos. Nos ponemos en vilo. Luchamos en el abrazo, bogamos con fervor. Esa es la felicidad clandestina de los cuerpos abiertos. Así, «La felicidad clandestina», titula Clarice Lispector uno de sus relatos más biográficos. El día que abrió el libro, el libro que le era negado, el libro del deseo, y lo abrió como un cuerpo. Hasta entonces era una mano cerrada. Sin ella, aquel libro furtivo era nada. Con ella, todo.

En *La flor de lis,* la uruguaya Marosa di Giorgio nos habla de otro encuentro en el que se manifiesta la mirada insurgente: «Cuando yo era muy joven, mamá me regaló el Ángel de la Guarda. "Es una estampa", dijo. Pero yo bien vi que era de verdad, el Ángel. No era una estampa, era el Ángel. Un Ángel es así, leve, un color, una pintura, qué peso puede tener».

Tristan Tzara ya advertía: «¡Arriba las manos, que va a caer un ángel!». Así que a Marosa di Giorgio le cayó un ángel.

¿Y no sería aquel ángel el mismo que acudió en ayuda de la maltratada asna de Balaam?

Consciente o inconsciente, como temerosa premonición o como realidad, la literatura insurgente es aquella que se alza contra el abandono, contra la pérdida.

Una de las correspondencias más emotivas en la historia de la literatura es la mantenida entre los poetas Paul Celan y Nelly Sachs. Ambos habían sufrido la persecución nazi siendo jóvenes. En la posguerra, uno está en París, Paul, y es ya un poeta conocido. Ella vive en Estocolmo, escribe sus poemas, una poesía estremecedora, de atormentada insurgencia, en la que hablan los huérfanos del mundo. Pero no tiene quien la lea. Un día envía sus poemas a París, convencida de que quedarán en la mano cerrada del destino. Pero Paul Celan responde con entusiasmo, y Nelly Sachs escribe: «Su carta fue una de las grandes alegrías de mi vida. Tiene usted conocimiento de mis cosas, las tiene consigo; por lo tanto, ya tengo un hogar en la tierra».

En uno de sus pocos textos discursivos, con motivo de la entrega del premio que lo reivindicaba en Alemania, Paul Celan dice: «Los poemas son también regalos; regalos para quienes están atentos. Regalos que llevan destino». Y dice también: «Solo manos verdaderas escriben poemas verdaderos. No veo ninguna diferencia entre darse la mano y el poema».

Y ahí tenemos dos cuerpos abiertos, insurgentes, que resisten el abandono y constituyen un hogar que es un frágil local sin paredes. Tienen nomás el día y la noche. Todo lo que cabe en una mano:

Lo poco contigo es mucho,
lo mucho sin ti es nada.

HIERBAS
DE
CIEGO

Extraordinaria la precisión histórica de Katy, una superviviente de la trata de mujeres: «El oficio más antiguo del mundo no es la prostitución, es mirar para otro lado».

*

En vez de mirar para otro lado, el activismo irónico del paisano que en una viñeta de Castelao le dice al silencioso acompañante: «Ya que lo sabes, te lo voy a contar».

*

Samuel Beckett escribió sobre la pintura del holandés Bram (Abraham) Van Velde: «Tiene un ruido muy característico, el de la puerta que se cierra de golpe a lo lejos». ¿No será esa la banda sonora de nuestro tiempo? El batir de puertas al cerrarse. La aldea abandonada no sería así un reducto del pasado. La aldea abandonada somos nosotros.

*

¿Por qué se vacía gran parte de la España rural? Porque ha desaparecido un cultivo imprescindible: la esperanza. Esta sí que es una desconexión. La visión política mayoritaria ha consistido en asegurarse la recolecta temporal de votos. Un modelo sin modelo que resumía aquel alcalde absoluto al que preguntaron por qué había perdido votos y respondió quejoso: «No los he perdido, se me han muerto».

*

Anota Bernard-Marie Koltès: «Hay movimientos que un hombre no es capaz de hacer, como lamerse el propio culo». Lamento contradecirlo. Hay celebridades que se mantienen siempre en esa posición.

*

Comienzo a pensar que tienen razón los que nos aconsejan no remover la «memoria histórica». Hay que dar un paso adelante: ahondar en la memoria «prehistórica».

*

«Entonces, ¿usted no tiene Dios?», increpó un manifestante detractor de la eutanasia al doctor Jack Kirkovan, gran activista por el derecho a morir dignamente. Y él respondió: «Sí, se llama Johann Sebastian Bach». Fue un buen dios. Lo ayudó a resistir la vejez en prisión: cuando salió libre tenía ochenta años.

*

Una despedida laica cuando muere alguien querido. Por ejemplo, el grito situacionista: «¡Que no haya tiempos muertos!».

*

En el siglo III, el chino Lu Ji escribió *Prosopoema del arte de la escritura,* una composición a la manera de sublimes bengalas. Uno de estos destellos dice: «Así, verás el pasado y el presente en un único instante, y abarcarás los inmensos mares con solo abrir y cerrar los ojos». Pues todavía hay catedráticos de Literatura incapaces de explicar a los estudiantes el porqué de la poesía.

*

En un viaje de trabajo, la primera impresión de un cuarto de hotel en España suele ser desoladora. La mesa casi siempre es diminuta y, no pocas veces, se utiliza como peana del santo televisor. En alguna ocasión me quejé, pero ya he desistido. La última vez que protesté, el capitán de recepción me miró oblicuo y comentó con sorna al compañero: «Hay gente que viene al hotel a trabajar». En esas circunstancias, recuerdas con un pesar de expatriado lo que dice George Steiner: «Dadme una mesa de trabajo y ya tengo una patria». Siempre queda el recurso de escribir en el suelo.

*

Hay quien afirma que quienes dicen que han leído el *Ulises* de James Joyce son unos falsarios. Sería algo así como el libro del que más se habla y que menos se ha leído. Para mí, por el contrario, el *Ulises* es lo más parecido a un libro de literatura popular. No es por ir de estupendo, pero llegué a esa conclusión después de excavar en él mucho tiempo a la manera de Virgilio Piñera en «Naturalmente en 1930»:

Arañándolo con tal vehemencia
que sus uñas se rompían

y a mi pregunta ansiosa respondió
que adentro estaba el poema.

Sí, el *Ulises* es un viaje hacia esa cripta. Al origen del mundo, el auténtico origen que fue capaz de pintar Gustave Coubert. El secreto del tálamo de Ítaca. La Anunciación de María. La vulva de Molly Bloom.

*

Pienso en las formas de la risa y la sonrisa. La luminosa idea de Voltaire de fundar algún día un Partido de la Risa. Los clásicos distinguían entre risa feliz y risa burlona. El *subrisus* es una creación posterior, medieval: la sonrisa secreta. Como la gran transgresión surge en el interior de los templos y catedrales: la risa pascual, la misa del burro, la fiesta de los locos... Pero todo esto solo viene a cuento para atrasar lo inevitable. El enfrentarse a la más tremenda sonrisa de la que se tiene noticia, la del *Réquiem* de Anna Ajmatova: «Entonces una especie de sonrisa resbaló por lo que alguna vez había sido su rostro».

*

En los países nórdicos, donde la psicología interviene el paisaje y en las granjas suena el *Valse triste* de Jean Sibelius, desde hace años nacen flores asesinas. No hay mes en que no surja o se exporte una revelación criminal. En los suplementos literarios, en los escaparates de las librerías, siempre aparece una nueva bandada de nórdica *serie negra*. Da la impresión de que todos los patos emigraron allí para no volver. Debe de ser eso. Que los escritores nórdicos llenaron los frigoríficos de ánades salvajes y hornean sin descanso perturbadores cadáveres de novelas.

Diálogo oído en un wéstern. «¿Por qué eres tan mala persona?», pregunta el bueno. «Porque lo soy», responde el malo. Y añade con orgullo: «¡Y estoy en la cima de la profesión!». He ahí un líder en el que confiar.

*

Triunfan en televisión los programas culinarios. El *Masterchef* y similares alcanzaron audiencias, en todas las edades, hasta ahora reservadas a los grandes acontecimientos futbolísticos, esos partidos «del siglo» que se celebran cada mes. Lo mismo ocurre con la industria editorial, gracias a libros de venta millonaria como *La enzima prodigiosa.* A estas alturas, la única conversación que podría derivar del gran retroceso, la rapiña y la doctrina del *shock,* nuestro Estado de Cosas, sería como articular lo que Pier Paolo Pasolini llamó «una provocación benéfica»: una revolución. Por lo de ahora, la estrategia de autobeneficiencia pasa por hablar de comer. Ya sucedió en otros tiempos de hartazgo histórico. Somos lo que recordamos, escribió Italo Calvino. Somos lo que soñamos, proclamó Álvaro Cunqueiro. Pero la razón última parece tenerla Ludwig Andreas Feuerbach: somos lo que comemos. Tan sublime fue su materialismo, que el espíritu tenía *saudade* de la materia. Una *saudade* gustativa internacionalista, que fue la que inspiró el Manifiesto Antropófago del Brasil, gran cumbre de las vanguardias, escrito por Osvaldo de Andrade en 1929, en el trescientos aniversario del churrasco que los tupís hicieron con el obispo portugués Sardiña. Cuando lo vieron llegar en la carabela civilizadora, ansioso con el hisopo en la proa, ya el cocinero tupí proclamó alegre como en un *Masterchef:* «¡Allá viene nuestra comida, dando saltos!».

*

Pregunta de niño: «¿Y Dios qué come?».

*

Se sentiría feliz, con Nabokov, si uno de sus cuentos sirviese al menos para «hacer retroceder a un bruto».

*

El más triste de los pecados, el que los tristes gritan en el infierno a Dante: «Fuimos tristes en el aire dulce que del sol se alegra».

*

Hay épocas en que la mayor bondad sería no aprovecharse de un mal superior, a la manera del personaje de «El judío Jacob», de Carlos Casares, que rechaza de Dios la oferta de un apocalipsis terrenal para poner fin a sus sufrimientos.

*

De leer cotilleos, ¡lo mínimo un Marcel Proust!

*

Era republicano monárquico, socialista de derechas, liberal conservador, agnóstico creyente, y abstemio entre trago y trago.

*

Estaba en contra de la «memoria histórica» por acuerdo adoptado por la Real Academia de la Historia.

*

En un cementerio de Padrón, comarca famosa por sus pimientos, hay un epitafio que reza: «¡El último sí que picaba!».

*

Un amigo poeta se lamenta de la precaria alimentación cultural. Después de un recital, sin cobrar, lo llevaron a un *fast-food,* pero lo peor fue el comentario que oyó de pasada: ¡Los escritores se están *hamburguesando!*

*

En una carta a George Sand, Flaubert responde que el bien y el mal existen dentro de cada persona y que lo importante es *«la nuance»,* el matiz. Eso, el matiz, es lo primero que queda abolido en la discordia fanática. Una conversación de pub, en Dublín, en la que tomaban parte protestantes y católicos, fue derivando en disputa político-religiosa. Había un hombre en silencio, sin pronunciarse, y las dos facciones acabaron fijándose en él. Tenía que mojarse. Nada de matices.

—¡Es que yo soy judío! —exclamó el interpelado.

Uno de los otros le espetó con contundencia histórica:

—Sí, ya. Pero ¿judío católico o judío protestante?

*

El lema publicitario de una empresa funeraria de Monforte: «Elegancia hasta en el último traje».

*

La extraña impresión de que en el aniversario del *Gernika* se festeja un nuevo cuadro: un *Gernika* sin Gernika. Y, sin embargo, el cuadro sigue murmurando, como las voces que oyen Vladimir y Estragón en *Esperando a Godot:*

—¿Estar muertas no es bastante para ellas?
—No es bastante.
(Silencio).

Hay más de cien mil *gernikas* todavía desaparecidos en las fosas y cunetas de España.

*

Como las luciérnagas, las reservas de palabras libres, salvajes, de «piel roja», están en peligro de extinción. Hay que sacarlas a escondidas. Con una luciérnaga en la mano, aseguró Rulfo, los zapotecas tenían luz suficiente para atravesar la noche.

*

¿Literatura de resistencia? Empiece por el principio. Los cuentos tradicionales para la infancia, esa interminable «serie criminal» de miedo y abandono. ¡Empiece por *Los músicos de Bremen*!

*

En Portugal llaman *depósito de monstros* a determinados tipos de vertederos con trastos viejos. Lo que tenemos delante, en panorámica histórica, es un «depósito de monstruos». Los grandes relatos paradisiacos basados en la fe en la religión o la ciencia, las utopías autoritarias, el progreso infinito, el milagro tecnológico… son eso: monstruos. Al escribir, hay que bordearlos. Merodear, deambular, en un andar vagabundo, a la deriva, un andar simultáneo que pise en los antónimos, y que sepa caer y levantarse, como Charlot. En caso de duda, lo mejor es seguir el andar situacionista de la gente anciana en los suburbios: nos conducirán donde hay un puñado de sol sobre la hierba. Desde allí se percibe todo lo sustraído y el vuelo de una melancolía activa, errante y rebelde.

*

Oliver Sacks, el autor de *Un antropólogo en Marte*, homosexual, se enamoró por vez primera a los setenta y siete años. «Para mí», cuenta de sí mismo el psiquiatra que había analizado la extrañeza, la soledad y el dolor de miles de pacientes, «resultaba una experiencia nueva permanecer tranquilamente en brazos de otra persona».

*

Paladeo la libertad en *Examen de ingenios,* de J. M. Caballero Bonald. Existe la impresión, bastante verosímil, de que los escritores contemporáneos no se leen: se vigilan. Y hay gente que, incluso cuando habla bien de alguien, lo desgracia. Caballero Bonald se mueve en otra dialéctica, que no es la del amigo o enemigo, la hostilidad o el ditirambo. Comparte maravillas e ironías. Nos regala descubrimientos. Lo inesperado. Siempre dan ganas de embarcarse con él, de estar allí. En sus poemas y ficciones, en sus memorias. Cuando escribía de sus tíos jerezanos, que vivían voluntariamente encamados, te apetecía leer el libro encamado. En *Examen de ingenios* hay momentos afilados, pero no de arma blanca. El cuchillo de Caballero Bonald es como el que nuestro amado Lichtenberg incluía en su *Catálogo para la subasta de una colección de objetos y artefactos:* «cuchillo sin hoja, al que le falta el mango».

*

La playa en verano, ese lugar de espionaje. Un niño que no juega en la arena como hacen los demás. Permanece inmóvil, con la mirada clavada en la línea del horizonte. A su espalda, sentada en la toalla, la madre se fija en él, hasta que le pregunta: «¿Qué haces, Román?». El niño no responde, sigue en su posición envidiable: estático y errático a la vez. La madre repite la pregunta, en voz alta, casi con alarma: «¿Qué haces, Román?». Y él se vuelve, algo molesto, arrastrado, lo entiendo, de otro tiempo hipnótico y amable. «Estoy pensando», dice el niño, y lo dice de una manera bella, pensativa.

Y la madre, lista como un rayo: «¿Pensando? ¡Pensar piensan los burros!».

*

No fue el golpe de una manzana caída mientras dormía la siesta en la campiña de Lincolnshire lo que llevó a Isaac Newton a formular la ley de gravedad, sino un muy jaleado *best seller* de la época y que a él se le cayó de las manos sobre un pie. Esa caída recuerda lo ocurrido a un marinero de la isla de Ons, que se aplastó un pie al resbalar de las manos una losa de hielo. Lo llevaron en lancha veloz al ambulatorio de Bueu. En el viaje, la parte afectada se hinchó tumefacta. Cuando el médico lo vio llegar, ordenó sin más. «¡Pónganle hielo en el pie!». Y el marinero protestó: «¿Más hielo todavía?». Esa es la ley de la gravedad.

*

Criticar o parlotear con la punta de los dedos. Sigmund Freud anticipó el Twitter y el Facebook allá por el 1905: «Aquel que tenga ojos para ver y oídos para escuchar se convencerá de que ningún mortal es capaz de guardar un secreto. Si su boca permanece callada, parloteará con la punta de los dedos».

*

Salía en la programación infantil de TVE y la tenían por una poeta de broma. Pero había algo en Gloria Fuertes que rompía la pantalla: un principio de verdad. Françoise Dolto, la enseñante y psicoanalista que tanto luchó por los derechos del niño: «Si se le dice la verdad, la verdad lo construye». Tan valiente era Gloria que, en el actual ambiente de neoinquisición, yo casi ni me atrevo a parlotear alguna de sus *glorierías:* «Al entrar tropecé y me dije: ¡coño! / Una ráfaga de avemarías me ensordeció: / —¡Pecado, pecado, esa mujer trae el coño en la boca!».

*

Hay una modalidad superior de la épica, casi imperceptible, que exige músculos de boj y nervios de crin animal: la amabilidad.

*

Era un moralista muy profesional: llevaba siempre en el bolsillo la primera piedra.

*

En el tanatorio, alguien lamenta en voz alta la gran pérdida que significa el difunto, persona de calidad, todavía joven para morir, qué injusticia. Una anciana, con los ojos llorosos, deja de toser y levanta el bastón: «¡Pues peor es lo mío!».

*

Por el momento, echo fuera del cuerpo esta rencorosa gripe del invierno con un sencillo salmo del pintor y poeta Urbano Lugrís: «¿Por qué, corazón, saltas gozoso en mi pecho, / como el petirrojo cuando espigan los centenos?».

*

Al final de un coloquio en el que participaban voces de lo que se da en llamar «nueva política», un viejo libertario que se parecía a Beckett pidió la palabra y dijo: «Compañeros, ¡estáis cometiendo los errores equivocados!».

*

Una abuela enojada aconseja al nieto: «¡Un hombre decente no sale en los periódicos!». La conversación aparece en *Juventud sin Dios,* de Ödön von Horváth. No sé si el consejo es cínico de más, pero lo que se aconseja es leer este libro, publicado en 1937, en pleno triunfo de los canallas. Hablando de lectura y de canalladas, otra tarea necesaria: recuperar *Tiempo de canallas,* de Lillian Hellman. ¿Por qué suena esto tan actual?

*

En tiempo de canallas, Albert Camus señaló cuatro obligaciones para un periodista:

1. Reconocer el totalitarismo y denunciarlo.
2. No mentir, y saber reconocer lo que se ignora.
3. Negarse siempre a dominar.
4. Negarse siempre, y eludiendo cualquier pretexto, a toda clase de despotismo, incluso provisional.

Después de interiorizar esto, el curso podría completarse con una máxima mínima de Tim Radford: «Conseguir que alguien lo lea».

*

Fue uno de los mejores regalos de mi vida. Mi padre volvía de la obra, vestido con la ropa de trabajo, el mono azul, y aquel atardecer de verano abrió uno de los bolsillos y me dijo que metiese la mano. «Con cuidado, eh». Pero los dedos rozaron lo inesperado, algo en movimiento, y me asusté. Mi padre se rio y, con mucha calma, sacó el misterio encofrado en la gran mano de albañil. La abrió extendida hacia el crepúsculo. Era un grillo. Y esperó a que cantase. Truman Capote, cuando se pasaba de rosca, escuchaba un engranaje de grillos y deseaba que un incendio devastara aquellos campos de pesadilla. Hace tiempo que no oigo cantar los grillos. Y esa es mi pesadilla. Que no cantan. Por donde voy, en los campos, pregunto: «Dígame, este año, aquí, ¿han cantado los grillos?». Y a quien pregunto, me mira con extrañeza, intentando detectar dónde está mi avería: «Sí, claro que han cantado los grillos. ¡Cómo siempre!». ¿Cómo siempre? Sí que tienen la memoria del canto, pero ya no están seguros si lo han oído este año. «Puede que tenga razón», me dicen, «ya no se oyen como antes».

Tal vez hay un gran incendio invisible. A solas, extiendo la mano, vacía, hacia el crepúsculo.

Agradecimientos

Muchas de las reflexiones que componen *Contra todo esto* tuvieron como vivero los múltiples espacios de creación, comunicación y debate en los que he participado. Quiero destacar los grupos que trabajan para la recuperación de la Memoria Histórica, como la ARMH y la CRMH, los colectivos ecologistas Greenpeace y Adega, la organización Médicos Sin Fronteras, el Ateneo Republicano coruñés y las asociaciones y movimientos que mantienen viva la conciencia libertaria. Creo que no habría escrito este libro sin vivir la experiencia de activismo periodístico que es la revista *Luzes*, un extraordinario hábitat de libertad y compañerismo. Ha sido también de capital importancia el refugio que, con la sección *Navegación al desvío*, se me ofreció en *El País Semanal*. Y mi agradecimiento especial a las editoras Pilar Reyes y Carolina Reoyo, de Alfaguara, por alumbrarme en esta idea.

Este libro se terminó
de imprimir en
Móstoles, Madrid,
en el mes de
abril de 2018